Weiterführend empfehlen wir in der gleichen Reihe:

Das Berater-Handbuch
ISBN 3-89623-316-5

Kernkompetenzen und Fokussierung
ISBN 3-89623-317-3

Mehr bewirken mit weniger Aufwand
ISBN 3-89623-318-1

Mitarbeiter erfolgreich machen
ISBN 3-89623-315-7

Wissensmanagement
ISBN 3-89623-319-X

Empfehlungsmanagement
ISBN 3-89623-280-0

Wir freuen uns über Ihr Interesse an diesem Buch. Gerne stellen wir Ihnen zusätzliche Informationen zu diesem Programmsegment zur Verfügung. Bitte sprechen Sie uns an:

E-Mail: metropolitan@walhalla.de
http://www.metropolitan.de

Metropolitan Verlag, Haus an der Eisernen Brücke, 93042 Regensburg, Telefon: 09 41/56 84-0, Telefax: 09 41/56 84-1 11

Ferdinand F. Fournies

Kluge Manager warten nicht!

Die 16 Gründe, warum Mitarbeiter nicht tun, was sie tun sollten

METROPOLITAN VERLAG

METROPOLITAN *professional*

Bibliografische Information Der Deutschen Bibliothek
Die Deutsche Bibliothek verzeichnet diese Publikation in der Deutschen Nationalbibliografie; detaillierte bibliografische Daten sind im Internet über http://dnb.ddb.de abrufbar.

Zitiervorschlag:
Ferdinand F. Fournies, Kluge Manager warten nicht!
Metropolitan Verlag, Regensburg, Berlin 2003

Genehmigte Taschenbuchausgabe.
Original erschienen im Metropolitan Verlag unter dem Titel „Warum Mitarbeiter nicht tun, was sie tun sollten".

Aus dem Amerikanischen übersetzt von Birgit Schöbitz.

Titel der Originalausgabe: Why employees don't do what they're supposed to do and what to do about it
© McGraw-Hill

© Metropolitan Verlag, Regensburg/Berlin
Alle Rechte, insbesondere das Recht der Vervielfältigung und Verbreitung sowie der Übersetzung, vorbehalten. Kein Teil des Werkes darf in irgendeiner Form (durch Fotokopie, Datenübertragung oder ein anderes Verfahren) ohne schriftliche Genehmigung des Verlages reproduziert oder unter Verwendung elektronischer Systeme gespeichert, verarbeitet, vervielfältigt oder verbreitet werden.
Umschlaggestaltung: Gruber & König, Augsburg
Druck und Bindung: Westermann Druck Zwickau GmbH
Printed in Germany
ISBN 3-89623-314-9 (Metropolitan Verlag)
ISBN 3-8029-0314-5 (Walhalla Fachverlag)

Schnellübersicht

Mit den richtigen Fragen
zu mehr Erfolg 7

**Die verborgenen Einflüsse, die die
Leistung jedes Einzelnen beeinträchtigen**

Mitarbeiter ...

... wissen nicht, warum sie etwas
   tun sollen 15

... wissen nicht, wie sie etwas
   erledigen sollen 25

... wissen nicht, was sie tun sollen 33

... zweifeln an Ihrer Methode 47

... denken, die eigene Arbeitsweise
   sei die bessere 53

... halten etwas anderes für
   wichtiger 61

... sehen keine positiven Folgen
   ihrer Arbeit 69

Mitarbeiter …

… glauben, sie leisten gute Arbeit 81

… werden dafür belohnt, etwas nicht zu tun 91

… werden dafür bestraft, das zu tun,
was erwartet wird 97

… fürchten sich vor negativen Konsequenzen 107

… werden für ihre mangelhafte Leistung
nicht bestraft 113

… stehen vor unkontrollierbaren Hindernissen 121

… stoßen an ihre persönlichen Grenzen 131

… haben persönliche Probleme 139

Es ist einfach nicht zu schaffen 153

Lösungen durchsetzen, bevor Probleme entstehen

Vorausschauend planen – Leistung optimieren 157

Mit Freundlichkeit schneller zum Ziel 171

Vorausschauendes Management: Ein Gespräch 177

Literaturhinweise 195

Stichwortverzeichnis 197

Mit den richtigen Fragen zu mehr Erfolg

Ein effektiver und persönlicher Managementstil gewinnt zunehmend an Bedeutung. So begrüßenswert der technische Fortschritt auch ist, er erhöht die Gefahr, dass ein Mitarbeiter durch eine falsche Eingabe am Computer erheblichen Schaden anrichtet. Einmal auf die falsche Taste gedrückt, und schon wird aus einer Gewinnausschüttung von 50 Mark eine Zahlungsanweisung in Höhe von 5 000 Mark, das Telefonat wird nicht nach Hamburg, sondern nach Russland vermittelt und die bei der Inventur ermittelte Stückzahl verzehnfacht sich. Die Möglichkeiten eines Managers, Fehler dieser Art zu verhindern oder zu korrigieren, schwinden zusehends. Da Informationen in der modernen Geschäftswelt sehr schnelllebig sind, liegt es auf der Hand, dass ein Manager, der wartet, bis ihm einer seiner Mitarbeiter über einen Fehler berichtet, den richtigen Zeitpunkt zum Eingreifen versäumt hat.

Auch gehen Führungskräfte, die nicht davor zurückschrecken, bei ihren Mitarbeitern hart durchzugreifen, zunehmend größere Risiken ein. Früher wurde ein Manager, dem es nicht gelang, Probleme mit seinen Untergebenen – wie mangelnde Arbeitsmoral oder ungenügende Arbeitsleistungen – zu lösen, zurückgestuft. Heute kann es passieren, dass einer der gemaßregelten Mitarbeiter durchdreht und ein Attentat auf seinen Vorgesetzten verübt.

Im letzten Jahrzehnt hat sich in Amerika die Zahl der Mordfälle am Arbeitsplatz verzehnfacht. In manchen Unternehmen verbünden sich die Mitarbeiter, um gemeinsam die übelsten Gemeinheiten gegen ihren Vorgesetzten auszuhecken oder sogar dessen Kündigung zu bewirken. Mittlerweile gibt es sogar schon Consultants, die sich darauf spezialisiert haben, Angestellte dabei zu unterstützen, ihre Vorgesetzten fertig zu machen.

Einer aktuellen Studie zufolge verdoppelt sich das Herzinfarktrisiko für einen Manager, kurz nachdem er einen Mitarbeiter entlassen hat. Eine baldige Lösung dieser Probleme scheint nicht in Sicht, was wohl darauf zurückzuführen ist, dass viele Menschen keinen Respekt mehr vor Autorität oder ihren Mitmenschen überhaupt haben.

Auch die Hochschulen berichten vom wachsenden Desinteresse der Studenten an ihrer Ausbildung: Viele Studenten kommen zu spät in die Vorlesungen und verlassen diese vorzeitig oder lesen währenddessen seelenruhig die Zeitung, führen Privatgespräche über Handy, sehen über Mini-TVs fern, schlafen oder beschimpfen ihre Professoren. Und das Schlimmste daran ist: Diese jungen Menschen sind Ihre künftigen Mitarbeiter!

> Effiziente Mitarbeiterführung ist heutzutage kein Luxus mehr, auf den man getrost verzichten kann, sondern rettet unter Umständen das eigene Leben.

Doch zum Glück tun die meisten Mitarbeiter fast immer das, was von ihnen erwartet wird. Sie arbeiten hart, sind hoch motiviert und äußerst zuverlässig. Manche Angestellte leisten sogar mehr, als sie eigentlich müssten: Sie fangen sehr früh am Morgen an, arbeiten bis spät in die Nacht, und die Zusammenarbeit mit ihnen ist eine reine Freude. Andererseits gibt es aber auch einige wenige Mitarbeiter, denen scheinbar gar nichts gelingt. Und es gibt Tage, an denen ansonsten sehr tüchtige Mitarbeiter das Falsche oder gar nichts tun.

Man kennt ja so einige Geschichten über peinliche Missgeschicke und grobe Fehler:

- Bei der feierlichen Enthüllung eines Denkmals zu Ehren eines berühmten Staatsmannes stellt sich heraus, dass dessen Name falsch geschrieben ist.
- Ein nicht genehmigtes Währungsgeschäft führt für ein Unternehmen zu einem Verlust von einer Milliarde Mark.

- Bei einem Unfall in einem Chemiewerk entsteht ein Schaden von 100 Millionen Mark, weil ein Mitarbeiter ein Ventil versehentlich geöffnet statt geschlossen hatte.
- Ein Passagierflugzeug ist entgegen aller Vorschriften mit hochexplosiven Materialien beladen.
- Ein Angestellter, der zu Unrecht entlassen wurde, bekommt von einem amerikanischen Gericht umgerechnet 20 Millionen Mark Schadenersatz zugesprochen.

Wie war das gleich noch mal, als der Stabschef der amerikanischen Streitkräfte den Kommandeur von Pearl Harbor am 6. Dezember 1941 vor einem unmittelbar bevorstehenden Angriff der Japaner warnte, das entsprechende Telegramm jedoch versehentlich in die Normalpost gelangte und sich in Hawaii befand, während Pearl Harbor von den Bomben überrascht wurde? All diese Dinge passierten, weil einem Einzelnen ein Fehler unterlief.

Motivation: Was ist das eigentlich?

Haben Sie sich schon einmal die Frage gestellt, warum Ihre Mitarbeiter nicht das tun, was Sie von ihnen erwarten? Wundern Sie sich nicht, wenn Sie keine befriedigende Antwort darauf finden; so geht es den meisten Führungskräften.

Philosophen, Dichter und Wissenschaftler beschäftigen sich seit Menschengedenken mit einer ähnlichen, jedoch grundsätzlicher gefassten Frage: „Wodurch wird das menschliche Handeln bestimmt?"

In der Psychologie gibt es zahllose Theorien, die Antwort auf diese Frage geben sollen, doch in einigen Fällen tragen diese Deutungen nicht zur Klärung des Problems bei. Sicherlich kennen Sie die Theorie, dass die Handlungen eines Menschen durch seine Motivation gesteuert werden. Bedauerlicherweise pflegen Psychologen die unterschiedlichsten Auffassungen darüber, was Motivation eigentlich ist und wie sie funktioniert. Einige Psychologen vertreten die Ansicht, dass Motivation aus dem Innersten des Menschen entspringt, während andere glauben, sie wird von äußeren Einflüssen hervorgerufen. Verwirrend ist, dass beide Standpunkte gleichermaßen überzeugend vertreten werden.

Die Feinheiten dieses wissenschaftlichen Streits sind für Sie als Führungskraft gänzlich nutzlos, da Ihnen wohl vor allem daran gelegen ist, dass Ihre Mitarbeiter innerhalb eines vorgegebenen Zeit- und Kostenrahmens und unter Einhaltung der jeweiligen Sicherheitsbestimmungen ein qualitativ hochwertiges Produkt fertigen oder eine rundum zufrieden stellende Dienstleistung erbringen. Die Fachliteratur zum Thema Motivation bietet Managern meist keine praktischen Tipps, mit deren Hilfe sich die Frage „Wie kann ich meine Mitarbeiter motivieren?" ein für alle Mal klären lässt.

Diese Frage stellt sich ständig auch meinen Mitarbeitern und mir, da die Kunden unserer Unternehmensberatung für die Antworten bezahlen. Zu unseren Kunden gehören viele namhafte Firmen aus der Industrie, die von uns erfahren möchten, wie sich der Umsatz steigern und die Produktqualität oder der Kundenservice verbessern lassen. Wenn die Lösungen, die wir anbieten, ineffektiv sind, werden wir nicht bezahlt.

Nachdem wir uns jahrelang mit der Fachliteratur zu diesem Thema beschäftigt haben, sind wir – wie viele andere auch – zu dem Schluss gekommen, dass sich Motivation schlecht in Worte fassen oder gar zahlenmäßig erfassen lässt. Man kann Motivation nicht so einfach messen wie den Blutdruck. Der Begriff Motivation wurde anscheinend geschaffen, um etwas zu beschreiben, von dem wir im Grunde nichts wissen, nämlich was die Ursache für menschliches Handeln ist. Es liegt auf der Hand, dass Manager mit der Klärung dieser Frage hoffnungslos überfordert sind, wenn es nicht einmal Psychologen gelingt, konkret zu beschreiben, warum der Mensch bestimmte Dinge tut oder lässt.

Leicht frustriert versuchten wir einen anderen Ansatz: Wenn es schon nicht möglich sein soll, konkret aufzulisten, warum Mitarbeiter das tun, was sie tun, lässt sich vielleicht wenigstens feststellen, warum Mitarbeiter nicht das tun, was man von ihnen erwartet. Und so lautet die Frage, die wir Managern und Führungskräften in unseren Seminaren nun schon seit fünfundzwanzig Jahren stellen: „Warum handeln Ihre Mitarbeiter nicht so, wie sie handeln sollten?" Zunächst waren die Antworten nicht gerade nützlich, da sie zu ungenau waren. Eine häufige Antwort lautete zum Beispiel: „Weil sie nicht motiviert sind." Auf die weitere Nachfrage: „Warum sind Ihre Mitarbeiter nicht motiviert?" bekamen wir zu hören: „Weil sie die Arbeit nicht erledigen wollen." Wieder bohrten wir nach: „Und warum wollen sie nicht?" Die Antwort lautete: „Weil sie nicht motiviert sind", womit sich der Kreis schloss, und wir wieder am Anfang standen.

Mit der Zeit lernten wir, unsere Fragen besser zu formulieren, zum Beispiel: „Aus welchem Grund – und lassen Sie bitte die fehlende Motivation aus dem Spiel – tun Ihre Mitarbeiter nicht, was Sie von ihnen erwarten?" Daraufhin erhielten wir ganz unterschiedliche Antworten, wie zum Beispiel: „Weil sie nicht wissen, warum sie etwas tun sollten" oder „Weil sie der Meinung sind, es funktioniert so nicht" oder „Weil es ihnen egal ist". Die Liste der Antworten wurde länger.

Nach vier Jahren Befragungen dieser Art fiel uns etwas Interessantes auf: Die Antworten lauteten immer gleich. Gelegentlich bezogen sie sich unterschiedlich aufeinander, doch im Endeffekt kristallisierten sich sechzehn sehr ähnliche Antworten heraus.

Uns fiel auch auf, dass sich die Begründungen kaum unterschieden, egal, ob wir nun die Firmenleitung selbst oder einen Abteilungsleiter befragten. So war zum Beispiel ein Grund für mangelhafte Arbeitsleistung, den Vorgesetzte von Hausmeistern, Programmierern und Geschäftsführern gleichermaßen anführten: „Weil sie der Meinung sind, dass ihre Art und Weise, die Aufgabe zu erledigen, die bessere ist."

> Immer wieder wurden uns bei unseren Befragungen dieselben sechzehn Gründe für schlechte Arbeitsleistungen genannt. Nach einigen weiteren Jahren erkannten wir etwas noch weitaus Interessanteres: Alle genannten Ursachen fielen in den Zuständigkeitsbereich der Führungskräfte.

Im Allgemeinen gab es also zwei Hauptursachen für schlechte Leistungen im Betrieb:

- Der Manager hat in den Augen seiner Mitarbeiter etwas Falsches getan.
- Der Manager hat es in den Augen seiner Mitarbeiter versäumt, das Richtige zu tun.

Anders ausgedrückt: Die Fehler der Mitarbeiter lassen sich auf schlechtes Management zurückführen. Daraus folgt die verblüffende Erkenntnis, dass Mitarbeiter herausragende Arbeitsleistungen erbringen könnten, sobald es dem Manager gelänge, die erarbeiteten sechzehn Ursachen für schlechte Arbeitsleistungen zu eliminieren.

Vorausschauend managen, bevor Probleme entstehen können

Die erste – in Amerika veröffentlichte – Auflage dieses Buches basierte auf einer Studie, die sich über fünfzehn Jahre erstreckte und die Gründe für schlechte Arbeitsleistungen untersuchte. Mehr als 20 000 Führungskräfte nahmen daran teil. In den zehn Jahren, die seitdem vergangen sind, analysierten wir Informationen von weiteren 5 000 Managern und kamen zu dem Ergebnis, dass unsere ersten Erkenntnisse in keiner Hinsicht an Gültigkeit verloren haben. Mit Hilfe bestimmter Managementpraktiken lassen sich alle Ursachen vermeiden, die dazu führen, dass Mitarbeiter nicht das tun, was von ihnen erwartet wird. Diese Erkenntnis steht in Widerspruch zu der endlosen Suche nach dem Erfolgsrezept, mit dessen Hilfe sich Mitarbeiter gewissermaßen per Knopfdruck motivieren lassen.

Wir stellten auch fest, dass viele Manager unsere Lösungen bereits mit großem Erfolg anwenden, ohne dass ihnen bewusst ist, etwas Besonderes zu tun. Als wir sie darauf hinwiesen, konnten sie ihren persönlichen Managementstil sogar noch verbessern. Zusammengefasst lautet das verblüffende Ergebnis unserer Arbeit:

> Zwischen den Handlungen eines Managers und der Arbeitsleistung seiner Untergebenen besteht ein direkter kausaler Zusammenhang.

Aus unserer überraschenden Entdeckung, dass lediglich sechzehn unterschiedliche Faktoren die Arbeitsleistung von Mitarbeitern beeinflussen, lassen sich weitaus praktischere Tipps für Manager ableiten, als dies mit der bisherigen, stark verallgemeinerten Motivationstheorie möglich war. Die Fragestellung „Wie motiviere ich meine Mitarbeiter?" führt zu allgemeinen und unspezifischen Antworten. Im Gegensatz dazu ermöglicht die Frage „Wie kann ich die Leistungen meiner Mitarbeiter verbessern?" eine gezielte Analyse der sechzehn Gründe für mangelhafte Leistung und führt zu konkreten Handlungsweisen, mit deren Hilfe sich das Leistungsniveau deutlich anheben lässt.

Ziel dieses Buches

Die Absicht dieses Buches ist, Ihnen zu zeigen, wie Sie Ihre Mitarbeiter dazu bewegen, genau das zu tun, was Sie von ihnen erwarten. Wir erläutern Ihnen die sechzehn Gründe für schlechte Leistungen und verraten Ihnen, was Sie tun können, damit Sie die Ergebnisse erhalten, die Sie von Ihren Mitarbeitern fordern. Es würde den Rahmen dieses Buches bei weitem sprengen, wenn wir auf sämtliche Probleme der Mitarbeiterführung eingingen, weshalb wir uns „nur" mit den sechzehn Faktoren auseinander setzen, die zu mangelhaften Arbeitsleistungen führen.

Sollten Sie in der glücklichen Lage sein, ausschließlich hoch qualifizierte und tüchtige Mitarbeiter einzustellen, die Sie stets problemlos und rasch einarbeiten und mit deren Leistungen Sie rundum zufrieden sind, dann können Sie dieses Buch beiseite legen. Sind Sie jedoch der Meinung, dass die Leistungen Ihrer Untergebenen durchaus verbesserungswürdig sind, und möchten Sie diesen Zustand ändern, sollten Sie dieses Buch aufmerksam lesen.

Ich möchte Ihnen in diesem Buch ein wirkungsvolles, neues Managementsystem vorstellen, das unter dem Namen „Vorausschauendes Management" bekannt ist. Im Gegensatz zum typischen Problemmanagement, das die Lösung bereits bestehender Probleme in Angriff nimmt, zielt das vorausschauende Management darauf ab, durch frühzeitiges Eingreifen Probleme erst gar nicht entstehen zu lassen. Meine Absicht ist es, Ihnen zu zeigen, wie Sie die Leistungen Ihrer Mitarbeiter so steigern können, dass sich die allgemeine Arbeitsqualität erheblich verbessert, was unter Umständen kostspielige Fehler vermeiden hilft. Jedes Kapitel befasst sich mit einem der Gründe für schlechte Leistung. Dabei wird zuerst der jeweilige Grund ausführlich in seinen unterschiedlichen Ausprägungen vorgestellt. Anschließend erfahren Sie die möglichen Lösungen, das heißt, die Maßnahmen, die Sie vorbeugend ergreifen können, um schlechte Arbeitsleistungen erst gar nicht entstehen zu lassen.

Ich wünsche Ihnen viel Erfolg!

Ferdinand F. Fournies

Mitarbeiter wissen nicht, warum sie etwas tun sollen

1

1. Kluge Manager warten nicht 16
2. Gehandikapt durch mangelhafte Analyse 16
3. Ihre Position: Gut fürs Unternehmen .. 18
4. Wollen Sie Erfolg? Bieten Sie Sinn! ... 20
5. So kommen Sie dem Problem zuvor ... 21

1. Kluge Manager warten nicht

Einer der sechzehn Gründe für mangelnde Mitarbeiterleistungen leuchtet Managern besonders gut ein, da er logisch klingt und scheinbar keiner weiteren Erklärung bedarf: „Die Mitarbeiter wissen nicht, warum sie etwas tun sollen".

In nahezu jedem Buch, Artikel oder sonstigem Ratgeber über die Motivationssteigerung von Mitarbeitern wird immer wieder betont, wie wichtig es ist, dass Mitarbeiter wissen, warum sie etwas tun sollen. Moderne Führungskräfte speisen Mitarbeiter kaum noch mit Sätzen ab wie „Fragen Sie nicht, warum, machen Sie es einfach!" oder „Wir haben jetzt wirklich nicht die Zeit, um auf all Ihre Fragen eingehen zu können. Tun Sie einfach, wofür Sie bezahlt werden!" oder „Können Sie nicht einmal etwas tun, ohne meine Anweisungen in Frage zu stellen?". Nur wirklich dumme Manager würden so etwas noch sagen.

Wichtig: Jede moderne und aufgeklärte Führungskraft weiß, dass es in Ordnung ist, wenn sich Mitarbeiter nach den Gründen für eine bestimmte, von ihnen verlangte Handlungsweise erkundigen. Bedauerlicherweise warten immer noch viel zu viele Manager darauf, dass man ihnen diese Frage stellt, anstatt ihr zuvorzukommen. Das Ergebnis ist, dass Mitarbeiter versagen, weil sie nicht wissen, warum sie etwas tun sollen.

2. Gehandikapt durch mangelhafte Analyse

Manager geben üblicherweise verschiedene Ursachen für schlechte Arbeitsleistungen der Mitarbeiter an:

- Sie glauben, es wäre nicht wichtig.
- Sie denken, die Mühe lohne sich nicht.

- Sie wollen etwas nicht tun.
- Sie sehen keinen Grund, etwas zu erledigen.
- Sie fragen „Warum sollte ich das erledigen?"
- Es ist ihnen egal.

Bei unserer Suche nach konkreten Informationen über Leistungsmängeln laufen Diskussionen mit Managern (= Antwort) meistens folgendermaßen ab:

Frage: „Warum tun Angestellte nicht das, was von ihnen erwartet wird?"

Antwort: „Weil es ihnen egal ist."

Frage: „Was ist ihnen denn egal?"

Antwort: „Na, ihre Aufgabe."

Frage: „Warum ist sie ihnen egal?"

Antwort: „Weil sie nicht wissen, wie wichtig sie ist."

Frage: „Was meinen Sie damit?"

Antwort: „Ihnen ist einfach nicht bewusst, inwieweit sich ihre Arbeit auf andere auswirkt."

Frage: „Sie denken also, Ihre Mitarbeiter sollten wissen, warum sie etwas tun sollen?"

Antwort: „Genau."

Dieses Gespräch verdeutlicht das Hauptproblem in der Mitarbeiterführung: Viele Manager können Mitarbeiterleistungen nicht konkret analysieren. Die Aussage „Es ist ihnen egal" kann bedeuten, dass Mitarbeiter nachlässig arbeiten, die Vorschriften nicht einhalten, Geräte falsch einsetzen oder Kunden vernachlässigen – das heißt, sie leisten keine gute Arbeit. Andererseits kann damit aber auch gemeint sein, dass die Mitarbeiter nicht daran denken, wie sich ihre Arbeit auf die ihrer Kollegen oder das Endprodukt auswirkt – das heißt, es macht für sie keinen Unterschied, ob sie gute oder schlechte Arbeit leisten. Wir befassen uns in diesem Kapitel mit den Mitarbeitern, die zur zweiten Kategorie gehören. Diese Mitarbeiter haben eine bestimmte Aufgabe zu erledigen und wissen wahrscheinlich auch, dass sie sehr wichtig ist; was ihnen jedoch niemand gesagt hat, ist, warum ihre Aufgabe wichtig ist.

Die Informationen über die Bedeutung einer bestimmten Aufgabe oder eines bestimmten Projekts lassen sich in zwei Kategorien aufteilen. Kategorie eins umfasst die Vorteile für das Unternehmen, wenn gute Arbeit geleistet wird, sowie die Nachteile, die aus schlechter Arbeitsleistung entstehen. Zur Kategorie zwei gehören die Vorteile, die sich durch gute Arbeit für den Arbeitnehmer ergeben, sowie die Nachteile, die ihm bei schlechten Leistungen entstehen. Kategorie eins liefert die Gründe dafür, warum eine Aufgabe erledigt werden muss, Kategorie zwei verdeutlicht dem Mitarbeiter, warum er seine Aufgabe erledigen muss. Sind Ihren Mitarbeitern die Konsequenzen, die sich in beiden Kategorien ergeben, nicht bekannt, führt dies unter Umständen zu mangelhaften Arbeitsleistungen, weil ihnen nicht klar ist, warum sie etwas erledigen müssen.

Die beiden Kategorien nehmen jedoch nicht bei jedem denselben Stellenwert ein. So mag es einem Mitarbeiter zwar durchaus unangenehm sein, wenn er durch einen Fehler seinem Arbeitgeber einen Schaden von 200 Mark verursacht, doch noch viel unangenehmer wird er es empfinden, wenn er weiß, dass ihm diese Summe von seinem Gehalt abgezogen wird.

3. Ihre Position: Gut fürs Unternehmen

Von Mitarbeitern wird häufig verlangt, eine Aufgabe auf ganz bestimmte Art und Weise zu erledigen, wobei der Grund dafür zwar dem Manager, nicht aber dem betroffenen Mitarbeiter völlig klar ist. Nachfolgend einige Beispiele, die zur ersten Kategorie gehören:

Beispiele:

- Meine Chefin ist wirklich merkwürdig. Sie regt sich maßlos auf, wenn man das Telefon nicht sofort nach dem ersten Klingeln abhebt.
  - Der Grund, warum der Mitarbeiter sofort ans Telefon gehen soll, ist, den Kunden mit einem prompten Service zu beeindrucken.

- Ich würde mir lieber erst dann Notizen machen, wenn das Experiment beendet ist. Warum muss ich denn immer alles so erledigen, wie sie es für richtig hält?
  - Der Grund für detaillierte Notizen während des Experiments ist, dass dadurch genauere Daten für die Fehlersuche verfügbar werden; außerdem entspricht diese Vorgehensweise den gesetzlichen Vorschriften.

- Ich verwende keine Werbemittel, weil das nicht zu meinem persönlichen Verkaufsstil passt; außerdem brauche ich sie nicht.
  - Ein Grund dafür, Werbemittel einzusetzen, ist, dass sie mehr Sinne des Kunden ansprechen, zum Beispiel kann er sie sehen und fühlen, anstatt nur dem Gesprächspartner zuzuhören.

- Meiner Meinung nach ist es völlige Zeitverschwendung, den ganzen Schrott zu sammeln.
  - Der Grund, Schrott zu sammeln, ist, dass man ihn recyceln kann.

- Mein Chef regt sich wahrscheinlich nur deshalb darüber auf, dass im Labor geraucht wird, weil er früher selbst stark geraucht hat.
  - Der Grund, im Labor das Rauchen zu verbieten, ist, dass bei Experimenten mit Sauerstoff Explosionsgefahr besteht.

- Es ist doch reine Zeitverschwendung, meine Dateien stündlich zu speichern.
  - Der Grund ist, dass sich dadurch die Gefahr eines Datenverlusts verringert, wenn der Computer einmal abstürzt.
- Wenn ich meine Spesenabrechnung immer erst Monate später einreiche, spart sich doch die Firma Geld.
  - Der Grund, Spesenabrechnungen rechtzeitig abzugeben, ist, dass die Buchhaltung nur so den Geldfluss im Unternehmen effektiv verfolgen kann.

Vermutlich waren Ihnen die oben genannten Gründe für die Arbeitsanweisungen schon auf den ersten Blick völlig klar, doch in den konkreten Situationen waren sie für die Angestellten alles andere als offensichtlich.

4. Wollen Sie Erfolg? Bieten Sie Sinn!

Die Gründe, die zur zweiten Kategorie – warum der Mitarbeiter in seinem Interesse etwas tun sollte – gehören, lauten völlig anders:

- Damit ich eine gute Leistungsbewertung erhalte.
- Damit ich bezahlt werde.
- Damit ich eine Lohnerhöhung erhalte.
- Damit ich eine Provision erhalte.
- Damit ich etwas lerne.
- Damit ich befördert werde.
- Damit ich meinen Traumjob bekomme.
- Damit ich die Anerkennung genieße.

- Damit ich mich nicht schämen muss.
- Damit ich regelmäßig mein Gehalt bekomme.
- Damit ich keine Abmahnung erhalte.
- Damit ich nicht zurückgestuft werde.
- Damit ich nicht gekündigt werde.

Wie Sie sehen, haben Mitarbeiter, die nicht verstehen, warum sie etwas tun sollen, vielleicht von ihrem Standpunkt aus gute Gründe, etwas nicht zu tun.

5. So kommen Sie dem Problem zuvor

Wenn Sie Mitarbeitern einfach nur eine Aufgabe zuweisen, erledigen sie diese oft nur solange gewissenhaft, wie Sie ihnen über die Schulter schauen. Doch Sie können (und sollten) Ihre Untergebenen nicht ständig überwachen. Die Gründe für eine Aufgabenerledigung müssen für die Mitarbeiter so einleuchtend sein, dass sie sich auch dann zu einer sorgfältigen Arbeitsweise entscheiden, wenn der Vorgesetzte nicht in der Nähe ist.

Noch immer gibt es leichtsinnige Autofahrer, die sich nicht anschnallen. Sie legen den Sicherheitsgurt erst an, wenn ihnen ihre Familie klar machen konnte, wie leichtsinnig sie ihr Leben aufs Spiel setzen und dass die Familie am meisten unter einem Unfall mit tödlichem Ausgang zu leiden hätte. Viele Alkoholiker oder Drogenabhängige unternehmen erst auf Bitten ihrer Angehörigen etwas gegen ihre Sucht, während sie der Raubbau an ihrer eigenen Gesundheit kalt lässt. In manchen Fällen gelingt es sogar, einen vom Leben Enttäuschten vom Selbstmord abzuhalten, weil man ihm klarmachen kann, welch schwerer Verlust sein Freitod für seine Liebsten bedeuten würde.

> **Werden Sie aktiv!**

- Bevor Sie einen Mitarbeiter an die Arbeit schicken, sollten Sie ihm erklären, warum er tun sollte, wofür Sie ihn bezahlen. Die erste Kategorie von Erklärungen umfasst, welche Vorteile es für Ihre Firma hat, wenn er seinen Job gut erledigt und welchen Schaden ein Fehler seinerseits für das Unternehmen verursachen kann. Erläutern Sie ihm auch, in welchem Zusammenhang die Einzelaufgaben der Angestellten miteinander stehen und inwiefern andere Abteilungen, die Kunden und die Unternehmensvision davon betroffen sind.

    Wichtig: Nehmen Sie sich dafür genügend Zeit.

- Möchten Sie die Arbeitsweise Ihrer Mitarbeiter ändern, um bestimmte Probleme lösen zu können oder um die Qualität der Arbeit und die Produktivität zu steigern, sollten Sie:

    – Probleme im Detail erklären

    – die Zielsetzungen exakt erläutern

    – Problemlösungen im Detail besprechen

    – die zu erwartenden Vorteile im Erfolgsfall darlegen

    – die Auswirkungen eines Misserfolgs schildern

- Ist die zu erledigende Aufgabe unangenehm oder schwierig und steht der erforderliche Aufwand nicht unmittelbar in einem lohnenden Verhältnis zum Nutzen, sollten Sie die oben stehenden fünf Punkte umso genauer erklären. Sie müssen Ihre Angestellten davon überzeugen, dass sich die Vorteile langfristig ergeben.

    Dazu ein Beispiel: In einer Firma sollten die im Außendienst tätigen Handelsvertreter nach jedem Verkaufsgespräch entsprechende Eintragungen in die Kundenkartei vornehmen, doch viele Mitarbeiter hielten sich nicht daran.

noch: Werden Sie aktiv!

Das Management begründete die Notwendigkeit, die Kundenkarteien immer auf dem aktuellsten Stand zu halten, damit, dass im Falle des Ausscheidens eines Handelsvertreters sich sein Nachfolger sofort umfassend über die vergangenen Verkaufsaktivitäten informieren kann.

Wie Sie sich vielleicht denken können, interessierte dies die Mitarbeiter wenig. Der einsichtigste Grund für den Angestellten, sich Notizen über einen Verkaufsbesuch zu machen, ist, mit Hilfe dieser Aufzeichnungen eine bessere Verkaufsstrategie für den nächsten Besuch zu entwickeln. Die Notizen sind zu dem Zeitpunkt, an dem der Vertreter sie niederschreibt, völlig unwichtig; wichtig werden sie erst später, wenn er sie lesen will. Als dieser neue Punkt als Begründung betont wurde, erledigten die Mitarbeiter die Dokumentierung in den Kundenkarteien viel bereitwilliger und sorgfältiger.

- Begehen Sie auf keinen Fall den Fehler, Ihren Mitarbeitern „Ruhm und Ehre des Unternehmens" als Begründung dafür zu liefern, weshalb sie ihre Aufgaben erledigen sollten, wenn sich die Fürsorge des Unternehmens für die Mitarbeiter darauf beschränkt, ihnen Gehalt auszuzahlen. Wenn Ihre Firma nicht gerade kurz vor der Pleite steht und alle Arbeitsplätze bedroht sind, übersetzt sich diese Parole für die Mitarbeiter in „Ruhm und Reichtum für den Firmeninhaber". Falls Arbeitskräfte tatsächlich Ruhm und Ehre für ihre Arbeit einheimsen könnten, würden manche wahrscheinlich sogar umsonst arbeiten. Wenn Sie Angestellten eine Motivation für gute Leistungen bieten möchten, beteiligen Sie sie am Gewinn.

- Liefern Sie auch Begründungen der zweiten Kategorie: Warum sollten Ihre Mitarbeiter bestimmte Aufgaben erledigen – das heißt, welche Konsequenzen ergeben sich für

noch: Werden Sie aktiv!

sie aus ihren Arbeitsleistungen? Schildern Sie ihnen die Vorteile, die der erfolgreiche Abschluss einer Aufgabe mit sich bringt: Vertieftes Wissen, Prestige, Aufstiegschancen, höherer Verdienst, Anerkennung, Sicherheit des Arbeitsplatzes, und vieles mehr. Erklären Sie ihnen aber auch, welche negativen Konsequenzen ein Scheitern hätte: Prestigeverlust, keine Aufstiegschancen, finanzielle Einbußen, Rüge, Gesundheitsgefährdung, und so weiter.

Wichtig: Wenn Sie die drohenden Nachteile im Detail schildern, schlagen Sie zwei Fliegen mit einer Klappe: Zum einen kann sich Ihr Mitarbeiter im Falle seines Scheiterns nicht auf Unwissenheit berufen und zum anderen genügen Sie den gesetzlichen Bestimmungen, falls Sie einen Mitarbeiter auf Grund schlechter Leistungen entlassen müssen. Arbeitsrichter oder Schlichter erkundigen sich erfahrungsgemäß immer danach, ob Sie als Vorgesetzter Ihren Mitarbeiter auf die Konsequenzen seines Versagens hingewiesen haben. Lautet Ihre Antwort darauf „Nein, habe ich nicht", müssen Sie den Mitarbeiter in der Regel entweder wieder einstellen oder ihm eine hohe Abfindung zahlen.

Mitarbeiter wissen nicht, wie sie etwas erledigen sollen

2

1. Zwei Welten: Ziel und Methode 26
2. Umweg statt Kurskorrektur 26
3. Typisch Manager:
   Lieber Kritiker als Lehrer 27
4. Schwimmen lernen, wenn die
   Sintflut kommt? 27
5. So kommen Sie dem Problem zuvor . 30

1. Zwei Welten: Ziel und Methode

Als zweithäufigste Begründung, warum Mitarbeiter nicht das tun, was von ihnen erwartet wird, geben Führungskräfte an: „Sie wissen nicht, wie sie die Aufgabe erledigen sollen." Manager sind häufig der Ansicht, dies wäre beinahe dasselbe, wie nicht zu wissen, was man tun soll. Weit gefehlt! So kann jemand zum Beispiel wissen, dass er die Büromitarbeiter motivieren soll, aber keine Ahnung haben, wie das geht. Und wenn er keine Ahnung hat, wird er vermutlich erst einmal auf Einschüchterungen und Drohungen zurückgreifen.

2. Umweg statt Kurskorrektur

Glauben Sie, dass bei Gesprächen Ihrer Mitarbeiter untereinander folgende Aussagen fallen könnten?

- Was immer du tust, lass niemals den Chef wissen, dass du nicht weißt, wie es geht.

- Ich weiß, dass ich diese Aufgabe nicht richtig mache, aber ich habe keine Ahnung, wie ich es besser machen könnte.

- Wenn du nicht weißt, wie es geht, musst du dich eben durchmogeln. Niemand wird im Nachhinein feststellen können, dass du es warst, der den Fehler begangen hat.

- Als der Chef uns gefragt hat, ob wir alle wüssten, wie wir etwas zu tun haben, habe ich ihm – wie alle anderen auch – zugestimmt. Ich wollte vor meinen Kollegen nicht als einziger Dummkopf dastehen.

- Es bringt gar nichts, wenn du die Chefin fragst, wie es geht. Wenn sie einem etwas erklärt, redet sie so schnell und springt so schnell von einem Punkt zum anderen, dass man hinterher auch nicht schlauer ist.

- Jedes Mal, wenn man den Chef um Hilfe bittet, hält er einen stundenlangen Vortrag über Innovation und Kreativität.

3. Typisch Manager: Lieber Kritiker als Lehrer

Sind in Ihrer Firma folgende Aussagen von Managern zu hören, wenn sie um Rat gebeten werden?

- Wenn ich Ihnen jede Kleinigkeit erklären muss, frage ich mich schon, wofür Sie eigentlich bezahlt werden!
- Überlegen Sie doch mal selbst!
- Ich würde Ihnen ja gerne helfen, aber im Moment habe ich leider überhaupt keine Zeit für so etwas.
- Vergessen Sie es. Ich mache es lieber selbst.
- Ich habe Ihnen doch schon mal erklärt, wie das geht. Soll ich Ihren Job auch noch übernehmen?
- Wir brauchen Mitarbeiter, die selbstständig arbeiten können.
- Muss ich wirklich die ganze Zeit mit Ihnen Händchen halten?

4. Schwimmen lernen, wenn die Sintflut kommt?

Manchmal gehen Manager irrtümlicherweise davon aus, dass es dasselbe sei, jemandem etwas zu sagen oder jemandem etwas beizubringen. Natürlich gehört das Reden dazu, wenn man jemandem etwas lehren möchte, obwohl ein Lernprozess auch ohne Worte stattfinden kann, zum Beispiel, indem man etwas kommentarlos demonstriert. Es reicht jedoch bei weitem nicht aus, wenn Sie Ihren Mitarbeitern bestimmte Dinge einfach nur sagen und zeigen. Nur durch Übung des Gelernten (Simulation) kann ein Lernprozess stattfinden. Stellen Sie sich doch bitte einmal folgende Situation vor: Ein Vorgesetzter erklärt und zeigt einem Mitarbeiter, wie eine Gutschrift für eine Retoure erstellt wird, gibt ihm aber nicht die Möglichkeit, diesen Vorgang zu üben. Die Folge: Der Lernprozess dieses Mitarbeiters wird erst im direkten Kontakt mit dem Kunden abgeschlossen. Fehler, die ein Kunde mit ansehen oder ausbaden muss, sind meist kostspieliger als Missgriffe, die bei Übungen gemacht werden.

In der Geschäftswelt ist es die Regel, dass ein erfahrener Mitarbeiter einen neuen anlernt. Selbst wenn dieser Mitarbeiter der Beste seines Faches ist, stellt sich die Frage, ob er auch ein guter Lehrmeister ist. Sie werden mir sicherlich Recht geben, wenn ich dies verneine. Die Kunst, anderen etwas beizubringen und zu vermitteln, ist nicht angeboren, dazu sind bestimmte Fähigkeiten und Techniken erforderlich. Fehlen diese Ihrem erfahrenen Mitarbeiter, kann er keine gezielte Schulung durchführen, das heißt, Ihr neuer Mitarbeiter lernt vielleicht nichts oder nur wenig. Außerdem werden Sie im Anschluss an diese angebliche „Einweisung" vermutlich nicht nachprüfen, ob der Neue tatsächlich etwas gelernt hat. Sie gehen davon aus, dass der Neue von einem erfahrenen Kollegen eingearbeitet wurde, doch in Wirklichkeit haben zwei Menschen nur etwas Zeit miteinander verbracht.

Eine weitere ineffiziente Lehrmethode, sofern sie nicht von anderen Techniken begleitet wird, ist das Nachahmen. Es genügt nicht, wenn der Ausbilder sich auf den Satz beschränkt: „Schauen Sie mir einfach zu, dann sehen Sie schon, wie es geht." Da er ja bereits genau weiß, was er zu tun hat, wird er den jeweiligen Arbeitsvorgang nicht bis ins letzte Detail erklären und vermutlich auch nicht begründen, warum er etwas so und nicht anders macht. Das führt dazu, dass der Auszubildende viele kleine Zwischenschritte gar nicht erfährt und deshalb Wichtiges nicht versteht. Natürlich wird der Arbeitsgang nochmals erklärt, wenn klar ist, dass der Lernende es nicht gleich begriffen hat, doch vielen Auszubildenden oder neuen Mitarbeitern ist es einfach zu peinlich, sich etwas mehrmals hintereinander erklären zu lassen.

Von wegen: „Das machen Sie schon!"

Eine Bekannte von mir fing nach ihrem Studium in der Kundenberatung eines Software-Unternehmens an. Als sie ihrem Vorgesetzten mitteilte, dass sie nicht wüsste, wie sich ein bestimmtes Kundenproblem lösen ließe, erhielt sie die Antwort: „Ich habe auch keine Ahnung. Mogeln Sie sich irgendwie durch!"

Ich konnte selbst miterleben, wie Fließbandarbeiter nach einer fünfminütigen Einweisung mit den Worten: „So, nun fangen Sie einfach an, Sie werden mit der Zeit schon reinkommen." an ihren neuen Arbeitsplatz geschickt wurden. Der arme Arbeiter wußte gar nicht, wie ihm geschah, als all diese unbekannten Teile, die er montieren sollte, mit nicht unerheblicher Geschwindigkeit auf dem Fließband an ihm vorbeifuhren.

Einer anderen Bekannten von mir wurde anlässlich ihrer Beförderung zur Verkaufsleiterin ein Handbuch über Schulungsmaßnahmen für den Einzelhandel in die Hand gedrückt mit den Worten: „Lesen Sie das bitte am Wochenende durch, denn am Montag werden Sie Ihre erste Schulung halten". Mein ganzes Mitleid galt den Teilnehmern dieses Seminars, denn ich wusste, dass sie nichts lernen würden. Gut verkaufen zu können ist eine Sache, jemandem das Verkaufen beizubringen, eine ganz andere. Es hat nichts mit Lehren oder Lernen zu tun, wenn man einem anderen sagt, wie etwas zu tun ist.

Manager setzen viel voraus, ohne jemals nachzuprüfen, ob diese Voraussetzungen auch tatsächlich gegeben sind. Der beste Mann aus der Buchhaltung wird zum Abteilungsleiter befördert, ohne ihn vorher in Mitarbeiterführung zu schulen.

Die „beliebtesten" Irrtümer

Die drei Hauptgründe dafür, dass Mitarbeiter nicht wissen, wie sie das tun sollen, was von ihnen erwartet wird, sind:

- Manager gehen davon aus, dass ihre Mitarbeiter wissen, wie sie ihre Arbeit zu erledigen haben.

- Manager sind davon überzeugt, sie würden ihren Mitarbeitern etwas beibringen, wenn sie ihnen sagen, wie etwas geht.

- Manager beschließen, keine Zeit durch langwierige Schulungen und Erklärungen zu verlieren.

Führungskräfte sind im Allgemeinen daran interessiert, Einarbeitungszeiten oder Schulungen so kurz wie möglich zu halten, damit die Mitarbeiter möglichst sofort produktiv arbeiten können. Viele Manager vergessen dabei jedoch, dass Mitarbeiter, die nicht wissen, wie sie ihre Aufgaben erfüllen sollen, ihr volles Gehalt beziehen, obwohl sie schlechte Arbeit leisten, unverkäufliche oder qualitativ minderwertige Waren fertigen, Werkzeuge oder Maschinen beschädigen oder gute Kundenbeziehungen gefährden – wodurch weitaus höhere Kosten entstehen als durch eine umfassende Einarbeitung.

5. So kommen Sie dem Problem zuvor

Wenn Sie möchten, dass Ihre Mitarbeiter wissen, wie sie bestimmte Aufgaben zu erledigen haben, sollten Sie folgende Punkte beachten:

Werden Sie aktiv!

- Betrauen Sie einen bestimmten Mitarbeiter mit der Einarbeitung und Schulung neuer Kollegen und schicken Sie ihn auf eine Schulung für Ausbildungstechniken.

- Erstellen Sie ein Schulungshandbuch mit standardisierten Arbeitsanweisungen, das als Richtlinie für alle Schulungen dient.

- Stellen Sie den Mitarbeitern Referenzhandbücher zur Verfügung, um den Lernerfolg und die Arbeitsleistung auch

noch: Werden Sie aktiv!

nach der Schulungsphase zu steigern. Beschreiben Sie darin alle möglichen Probleme, die im Arbeitsalltag auftreten können, und die dazugehörigen Lösungen.

- Für alle Tätigkeiten – auch für Führungsaufgaben –, bei denen Fehler katastrophale Auswirkungen haben können, gilt: Geben Sie den Mitarbeitern die Möglichkeit, ihre Arbeit zu üben, so dass sich die Kosten, die durch einen eventuellen Fehler entstehen, im Rahmen halten. Müssen Ihre Mitarbeiter zum Beispiel mit neuen Werkstoffen, Modellen oder Geräten arbeiten oder neue Arbeitsmethoden anwenden, sollten sie dies vor dem „Ernstfall" in ungezwungener Umgebung einüben dürfen.

- Entwickeln Sie einen Test für neue Mitarbeiter, um zu überprüfen, ob sich ein Lerneffekt abzeichnet. Je nach Anforderung an die Tätigkeit Ihrer Angestellten können Sie deren Wissen schriftlich abfragen oder Arbeitsproben verlangen. Besteht ein Mitarbeiter diesen Test nicht, müssen Sie ihn entsprechend weiter schulen.

Erfolgs-Tipp:

Möchten Sie wissen, ob Ihren Mitarbeitern klar ist, wie sie eine bestimmte Aufgabe zu erledigen haben, fragen Sie nicht einfach: „Wissen Sie, wie es geht?", denn die Antwort „Ja" muss nicht unbedingt den Tatsachen entsprechen. Bitten Sie Ihre Mitarbeiter darum, Ihnen zu beschreiben, wie sie vorgehen werden oder lassen Sie sich zeigen, wie sie ihre Aufgabe erledigen.

Mitarbeiter wissen nicht, was sie tun sollen

3

1. Ungefähr erledigen 34
2. Mitarbeitertest:
   Sind Sie gut im Raten? 34
3. Produktiver mit konkreten
   Aussagen 39
4. So kommen Sie dem Problem zuvor . 43

1. Ungefähr erledigen

So überraschend es auch klingen mag, die häufigste Antwort von Managern auf die Frage, warum ihre Mitarbeiter nicht das tun, was sie von ihnen erwarten, lautet: „Sie wissen nicht, was von ihnen erwartet wird." Im schlimmsten Fall bedeutet dies, dass die Mitarbeiter tatsächlich keine Ahnung haben, dass sie für bestimmte Aufgaben zuständig sind. Spielarten dieses Problems sind beispielsweise:

- Die Mitarbeiter wissen, dass sie eine bestimmte Aufgabe bearbeiten sollen, doch sie wissen nicht, wann sie damit beginnen müssen.

- Die Mitarbeiter wissen, dass sie etwas zu erledigen haben und wann sie mit dieser Aufgabe beginnen sollen, wissen jedoch nicht, wann sie damit fertig sein müssen.

- Die Mitarbeiter wissen, was sie in welchem Zeitraum zu bearbeiten haben, aber sie haben keine Ahnung, wie das Ergebnis ihrer Tätigkeit aussehen soll. Ihnen wurde zwar gesagt, dass von ihnen gute Arbeit erwartet wird, aber was bedeutet das genau? Sind zehn Prozent Fehler okay? Oder dürfen es nur fünf Prozent sein? Oder muss wirklich alles perfekt sein?

2. Mitarbeitertest: Sind Sie gut im Raten?

Sie sollten misstrauisch werden, wenn ein Mitarbeiter eine Anweisung mit den Worten: „Das gehört nicht zu meinen Aufgaben!" ablehnt. Die meisten Manager werten diese Aussage als Zeichen für eine desinteressierte Einstellung zur Arbeit oder als mangelnde Kooperationsbereitschaft. Setzen wir voraus, dass die übertragene Aufgabe tatsächlich in den Zuständigkeitsbereich des Mitarbeiters fällt, stellt sich die Frage, warum dieser vom Gegenteil überzeugt ist. Ganz offensichtlich wurde dem Mitarbeiter nie im Detail erklärt, worin seine Aufgaben bestehen. Eine Managerin erzählte mir, dass ihr Vorgesetzter ihr oft sagte, „Ulla, Sie müssen sich im Laufen auf den Boden schmeißen können." Sie hatte keine Idee, was er damit meinte und wagte es nie, danach zu fragen.

Die meisten Manager haben eine ziemlich klare Vorstellung von den Aufgaben ihrer Mitarbeiter, trotzdem gibt es nur in den seltensten Fällen eine exakte Stellenbeschreibung. Vielen Angestellten bleibt daher nur übrig, ihre Aufgaben zu erraten. Mitarbeiter, die nicht genau wissen, was in ihren Zuständigkeitsbereich fällt, erledigen häufig Aufgaben, die nicht zu ihrer eigentlichen Tätigkeit gehören. Ihre Vorgesetzten müssen sie oft darauf hinweisen und vergeuden damit viel Zeit.

Häufig besteht eine große Diskrepanz zwischen dem, was nach Ansicht der Vorgesetzten in den Zuständigkeitsbereich eines bestimmten Mitarbeiters fällt und der Überzeugung des Mitarbeiters, was von ihm erwartet wird. Für etwas zuständig sein und etwas wirklich tun, sind zwei Paar Stiefel. Ersteres ist die allgemeine Vorstellung über einen bestimmten Zuständigkeitsbereich, Letzteres ist die tatsächliche Handlung. Vielleicht sind Sie zum Beispiel dafür zuständig, Ihren Vorgesetzten über alle Probleme und Schwierigkeiten in Kenntnis zu setzen. Doch hat man Ihnen auch erklärt, was als Problem gilt und wie schnell Sie im Falle eines Problems Ihren Chef einschalten sollen? Will Ihr Vorgesetzter im Notfall auch zuhause angerufen werden oder hat die Information Zeit bis zur nächsten Mitarbeiterbesprechung? Sollen Sie das Problem mit Ihrem Chef unter vier Augen besprechen oder reicht es aus, wenn Sie es in Ihren Monatsbericht aufnehmen?

> **Beispiel:**
>
> Als ein Manager sich bei seinem Angestellten über den Fortschritt eines wichtigen Projekts erkundigte, das er mit dem Hinweis „BME" – baldmöglichst erledigen – gekennzeichnet hatte, teilte ihm der Angestellte mit, dass er noch gar nicht damit begonnen hätte. Der Manager fragte nach dem Grund und erhielt die Antwort: „Weil es mir noch nicht möglich gewesen ist. Ich hatte noch andere eilige Sachen zu erledigen." Der Manager hakte nach: „Warum, glauben Sie, habe ich ‚BME' darauf geschrieben? Ich wollte, dass Sie es vordringlich erledigen." Daraufhin antwortete der Angestellte: „Ach so, aber warum haben Sie dann nicht ‚OP' – Oberste Priorität – darauf geschrieben?"

Viele Wege führen nach Rom

Manche Führungskräfte beschweren sich darüber, dass Angestellte häufig zu spät zur Arbeit kommen, sind aber nicht in der Lage konkret anzugeben, wann ihre Mitarbeiter spätestens anfangen müssen. Andere wiederum beklagen sich darüber, dass viel zu wenig persönliche Verkaufsbesuche gemacht werden, obwohl dem Verkaufspersonal nicht mitgeteilt wurde, wie viele Vertreterbesuche täglich, wöchentlich oder monatlich erwartet werden. Es gibt immer wieder Beschwerden über Manager, die sich angeblich nicht rechtzeitig um Probleme kümmern, obwohl niemals festgelegt wurde, was genau mit „rechtzeitig" gemeint ist. Viele Aufseher jammern, dass das Wartungspersonal die Maschinen nicht schnell genug wartet, doch es gibt keine einzige Vorgabe darüber, wie flott diese Arbeiten erledigt werden müssen, selbst wenn es sich um regelmäßig durchgeführte Wartungsaufgaben handelt.

Jeder Arbeitnehmer muss pünktlich zur Arbeit erscheinen, doch was genau ist damit gemeint? Nachfolgend einige Interpretationsmöglichkeiten der Anweisung, pünktlich um 9.00 Uhr morgens anzufangen:

- Stempeln um Punkt 9.00 Uhr
- Um 9.00 Uhr das Büro betreten
- Den Mantel um 9.00 Uhr aufhängen
- Sich um 9.00 Uhr eine Tasse Kaffee aus der Cafeteria holen
- Sich um 9.00 Uhr auf der Toilette zurechtmachen
- Den Umkleideraum um 9.00 Uhr verlassen

Soll die Verkäuferin ab 9.00 Uhr morgens die Waren am Verkaufstresen auslegen oder sollte das bis 9.00 Uhr schon erledigt sein, damit sie ab 9.00 Uhr bereit ist, Kunden zu bedienen?

Am Ende des Arbeitstags stellt sich dasselbe Problem. Wird erwartet, dass man die Arbeit um 17.00 Uhr beendet und anschließend aufräumt oder kann man schon vorher mit dem Aufräumen beginnen und den Arbeitsplatz pünktlich um 17.00 Uhr verlassen? Auch zum Thema Feierabend gibt es verschiedene Vorstellungen:

- Mitarbeiter sitzen tatenlos an ihren bereits aufgeräumten Arbeitsplätzen und warten darauf, dass die Uhr endlich 17.00 Uhr anzeigt.
- Mitarbeiter stehen am Ausgang und stürmen um 17.00 Uhr zu ihren Autos.
- Mitarbeiter machen Überstunden, obwohl dies nicht gestattet ist.
- Mitarbeiter machen nie Überstunden, obwohl Sie der Ansicht sind, dass das zu ihrem Job gehört.

Beispiele:

- Vor vielen Jahren war ich als der für die Sicherheit verantwortliche Manager bei einer Firma tätig und begleitete den Wachmann bei seinem Kontrollgang. Während des Rundgangs erklärte er mir, was alles zu seinen Aufgaben gehörte. Als wir uns dem Lager näherten, betonte er, wie wichtig es sei zu prüfen, ob das Kipptor auch wirklich geschlossen ist, da sich viele teure Waren im Lager befänden. Als ich ihn fragte, auf welche Weise er das prüfe, erklärte er mir, dass er einen Blick auf die beiden Schlösser unten an jedem Tor werfe. Ich fragte nach, ob er schon jemals an diesen Schlössern gerüttelt hätte, um festzustellen, ob sie auch wirklich abgeschlossen wären, und er meinte: „Nein, aber das ist eine gute Idee." Er bückte sich, griff nach dem Schloss und zu seinem Erstaunen war es nicht eingerastet. Völlig verdutzt überprüfte er daraufhin alle Schlösser und meinte dann zu mir: „Ab heute werde ich das immer so machen."

Anschließend fragte ich ihn, ob er schon einmal überprüft hätte, ob sich das Tor trotz der Verriegelung öffnen ließe. Er verneinte dies, weil es seiner Meinung nach unnötig war, aber wenn ich unbedingt darauf bestünde, würde er es selbstverständlich überprüfen. Er ging zum nächsten verriegelten Tor, bückte sich und zu seinem Erstaunen ließ es sich problemlos öffnen. Nachdem wir uns beide von diesem Schock erholt hatten, stellten wir fest, dass das Vorhängeschloss zwar geschlossen, aber nicht durch den Bügel am Boden geschoben worden war. Dies war nicht die Schuld des Wachmannes, denn man hatte ihm nur gesagt, dass er dafür zuständig sei zu prüfen, ob die Tore geschlossen waren, ihm aber nicht gezeigt, wie er das tun musste.

- Ein weiteres Beispiel: Stellen wir uns einmal vor, Sie wären mein Vorgesetzter und hätten mir mitgeteilt, ich wäre dafür zuständig, dass in meiner Abteilung offene Kommunikation herrsche. Würden Sie daran denken, mir zu sagen, dass ich zu diesem Zweck in regelmäßigen Abständen alle Mitarbeiter einzeln in mein Büro bitten und mich nach ihrem Befinden, ihren Problemen und Anregungen erkundigen muss, um herauszufinden, wie ich und die Firma ihnen behilflich sein können, bessere Leistungen zu erbringen? Gehört es zu meinem Job, die Angestellten täglich bei ihrer Arbeit zu beobachten, um eventuelle Schwierigkeiten zu entdecken oder soll ich warten, bis sie sich mit Fragen an mich wenden?

Achtung: Es gibt Manager, die ihre Mitarbeiter bitten, sich um ein bestimmtes Problem zu kümmern. Dabei fällt völlig unter den Tisch, wann sie damit beginnen beziehungsweise fertig sein sollen, ob sie die nötigen Maßnahmen ergreifen sollen, um das Problem zu lösen oder ob sie lediglich einen Bericht darüber schreiben sollen.

3. Produktiver mit konkreten Aussagen

Seit Jahren gilt im Management die goldene Regel: „Jeder Ansatz zur Produktivitätssteigerung beginnt mit einer guten Tätigkeitsbeschreibung." Bedauerlicherweise werden die meisten dieser Beschreibungen nur erstellt, um herauszufinden, welchen Wert die jeweilige Arbeit hat und nicht, um dem Mitarbeiter mitzuteilen, was konkret zu seinem Job gehört. Außerdem werden darin zumeist nur Zuständigkeitsbereiche beschrieben, detaillierte Arbeitsanweisungen fehlen.

Nur selten erhalten die Mitarbeiter ihre persönliche Ausgabe der Tätigkeitsbeschreibung, in den meisten Unternehmen verstaubt sie ungenutzt in irgendeinem Regal.

In einigen Unternehmen herrscht die Ansicht, die Beschreibung einer Aufgabe dürfte höchstens eine Seite umfassen. Alle wichtigen Details, die nicht auf dieser Seite Platz finden, muss der Mitarbeiter also alleine herausfinden – da hat er eben Pech gehabt.

Arbeitnehmer, die bei einem Unternehmen an die Tür der Personalabteilung klopfen, sagen vereinfacht ausgedrückt: „Ich tue, was Sie von mir verlangen und wie Sie es wünschen, damit Sie mich einstellen und bezahlen." Das Management antwortet darauf: „Das ist ja wunderbar! Aber wir sagen Ihnen nicht genau, was wir von Ihnen erwarten." Das Ergebnis ist, dass die meisten Angestellten das, was sie eigentlich richtig machen sollen, dadurch lernen, dass sie es mindestens einmal falsch machen. Eine sichere Methode, unglaublich viel Geld und Zeit zu verschwenden!

Führungskräfte müssen vor allem Eines begreifen: Ein Arbeitsverhältnis hat nichts mit Sklaverei, Leibeigenschaft oder Fronarbeit zu tun, sondern entspricht im Grunde genommen einem Mietvertrag. Der Gegenstand dieses Mietvertrages ist das Verhalten des Mitarbeiters.

Aus diesem Grund muss eine Tätigkeitsbeschreibung all diejenigen Verhaltensweisen beinhalten, für die Sie als Arbeitgeber gewissermaßen die Miete zahlen. Mit „Verhaltensweisen" sind in diesem Zusammenhang sämtliche Dinge gemeint, die der Mitarbeiter tun muss, um seine Arbeit gut zu erledigen.

In vielen Firmen existieren derartige Tätigkeitsbeschreibungen, allerdings sind sie in den meisten Fällen Bestandteil des Arbeitsablaufshandbuchs. Darin wird genau beschrieben, wie eine bestimmte Tätigkeit erledigt werden muss. Wären die Tätigkeitsbeschreibungen genauer, benötigte man deutlich weniger Arbeitsablaufshandbücher.

Kürzlich erzählte mir ein Manager aus der Verwaltung, dass er zwar der unmittelbare Vorgesetzte des Kantinenchefs sei, aber leider überhaupt keine Ahnung habe, wie man eine Kantine führt, und deshalb auch nicht wüsste, was in die Tätigkeitsbeschreibung eines Kantinenchefs gehört. Er sagte, eine der Aufgaben bestünde darin, dass der Kantinenchef appetitliche Speisen zusammenstellen können müsse, doch er wisse nicht, was dies genau bedeute.

Nach einer ausführlichen Diskussion kamen wir zu folgendem Ergebnis: Appetitliche Speisen sind Gerichte, die von der Mehrzahl der Gäste gewählt werden. Unzufriedenheit mit den Gerichten würde sich darin äußern, dass täglich mehr als zwei Beschwerden darüber eingehen und/oder mehr als 15 Prozent der Speisen/Vorspeisen nicht verkauft werden.

Der Kantinenchef muss also Folgendes „tun", um seine Aufgabe zu erfüllen:

- Feststellen, wie viel Prozent der Gerichte pro Tag nicht verkauft werden, und das Ergebnis notieren.

- Alle drei Monate eine schriftliche Gästebefragung ausarbeiten und durchführen.

- Täglich mindestens fünf Gäste befragen, ob sie mit der Qualität der Speisen und des Service zufrieden waren.

- Einen Wochenbericht für den Manager aus der Verwaltung erstellen, in dem die aktuellen Trends, Beschwerden und Änderungen der Speisepläne erläutert werden.

- Änderung des Speiseplans unter Berücksichtigung der erhobenen Daten.

- Einmal im Monat eine landestypische kulinarische Spezialität aus wechselnden Ländern präsentieren.

Man könnte glauben, diese Punkte gehörten zu den ausgeklügelten Zielsetzungen einer zielgesteuerten Unternehmensführung (Managing by Objectives), doch dem ist nicht so. Es sind ganz simple Arbeitsanweisungen für den Kantinenchef. Schließlich muss ihm ja gesagt werden, was alles in seinen Zuständigkeitsbereich fällt, oder wollen Sie so lange abwarten, bis ihm das von selbst einfällt? Können Sie sich das in Ihrem Unternehmen wirklich leisten?

Achtung: Es gibt sogar Manager, die ganz bewusst keine Stellenbeschreibung erstellen, da sie glauben, die Mitarbeiter würden dann produktiver arbeiten. Ich habe schon folgende Aussage von Managern gehört: „Wenn ich meinen Leuten nicht bis ins kleinste Detail sage, was sie zu tun haben, besteht die Möglichkeit, dass sie mehr leisten als sie eigentlich müssten." In Ausnahmefällen mag dies vielleicht zutreffen, aber meines Erachtens ist hier eher der Wunsch Vater des Gedankens.

Unwahr: Konkrete Anweisungen hemmen die Kreativität

Manche Manager lehnen Stellenbeschreibungen ab, da sie der Überzeugung sind, ein bis ins Detail vorgeschriebener Arbeitsablauf lässt den Mitarbeitern keinen Raum für Kreativität. Völliger Unsinn! Nur weil Mitarbeiter ihre Aufgaben genau kennen, schließt das noch lange nicht aus, dass sie sich kreative Verbesserungen einfallen lassen könnten. Das Problem ist vielmehr Folgendes: Ohne Stellenbeschreibung verschwenden die Mitarbeiter ihre kreative Energie darauf, sich über ihren Aufgabenbereich klar zu werden, obwohl es Menschen gibt, die es ihnen einfach mitteilen könnten. Firmen sind auf die Kreativität ihrer Mitarbeiter angewiesen, um mit Hilfe neuer Produkte oder Dienstleistungen auch in Zukunft bestehen zu können, doch es wird keine Zukunft für Firmen geben, deren Mitarbeiter nicht wissen, was sie zu tun haben. Für über neunzig Prozent der Jobs in der heutigen Gesellschaft ist keinerlei Kreativität notwendig, sie müssen einfach nur korrekt erledigt werden. Was ist Ihnen denn lieber? Mitarbeiter, die schlechte Arbeit leisten, weil sie verzweifelt herauszufinden versuchen, worin ihre eigentlichen Aufgaben bestehen, oder Mitarbeiter, die perfekte Arbeit leisten und gelegentlich mit Verbesserungsvorschlägen aufwarten? Die Frage ist: Stellen Sie jemanden ein, damit er für Sie eine Tätigkeitsbeschreibung erfindet oder damit er die Stelle besetzt, die Ihr Unternehmen bereits geschaffen hat?

Erfolgs-Tipp:

Ihre Mitarbeiter werden genau das tun, was Sie von Ihnen erwarten, wenn Sie ihnen präzise erklären, was zu tun ist, wann damit begonnen werden soll, wann es abgeschlossen sein muss und wie das Endergebnis auszusehen hat. Vage Arbeitsanweisungen führen zu Ergebnissen, die eben auch nur vage Ähnlichkeiten mit Ihren Erwartungen aufweisen.

4. So kommen Sie dem Problem zuvor

Sind die Aufgaben Ihrer Mitarbeiter unkritisch und ist es egal, wann sie mit einem bestimmten Projekt beginnen, es abschließen oder wie sie es bearbeiten, können Sie ihnen freie Hand lassen.

> **Werden Sie aktiv!**
>
> - Möchten Sie jedoch die Arbeitsproduktivität steigern und ein für alle Mal dafür sorgen, dass keine Probleme mehr auftreten, nur weil keiner gewusst hat, was zu tun ist, dann müssen Sie Ihren Mitarbeitern genau erklären, was sie zu tun haben.
>
>   **Wichtig:** Erstellen Sie eine ausführliche Tätigkeitsbeschreibung, in der jedes erforderliche Arbeitsverhalten aufgeführt ist. Schließlich bezahlen Sie Ihre Mitarbeiter genau dafür! Stellen Sie sich eine Tätigkeitsbeschreibung als Mietvertrag über Arbeitsleistungen vor.
>
> - Fragen Sie nicht einfach nach, ob Ihren Mitarbeitern klar ist, was sie zu tun haben. Ein „Ja" bringt Sie in diesem Fall auch nicht weiter. Bitten Sie Ihre Mitarbeiter lieber um eine genaue Beschreibung ihrer Aufgaben.
>
> - Legen Sie sich bei einer Tätigkeitsbeschreibung nicht von vornherein auf eine bestimmte Seitenzahl fest. Wenn Ihr Ziel lautet, eine vollständige Tätigkeitsbeschreibung zu erstellen, spielt die Seitenanzahl keine Rolle.
>
> - Überlassen Sie die Tätigkeitsbeschreibung keinesfalls dem Personalbüro. Als Manager fällt es in Ihren Aufgabenbereich, zusammen mit Ihren Untergebenen eine Tätigkeitsbeschreibung zu erstellen. Erklären Sie ihnen, was Sie unter einem Arbeitsverhältnis verstehen. Machen Sie ihnen be-

noch: Werden Sie aktiv!

greiflich, dass es sich um eine Art Mietvertrag mit gegenseitigen Rechten und Pflichten handelt.

Wichtig: Lassen Sie sich von den Mitarbeitern beschreiben, was sie ihrer Meinung nach tun müssen. Die Betonung liegt hier auf „Tun". Anschließend erstellen Sie selbst eine Liste mit den Aufgaben und entwickeln aus diesen beiden Listen die Tätigkeitsbeschreibung. Ihre Mitarbeiter können Beiträge leisten, aber natürlich legen Sie als Manager die Aufgaben im Einzelnen fest, schließlich handelt es sich hierbei nicht um einen demokratischen Vorgang.

Denken Sie daran: Ihre Mitarbeiter sollen ihren Arbeitsplatz nicht neu erfinden, sondern Ihnen dabei helfen, die Tätigkeitsbeschreibung für den jeweiligen Job zu erstellen. In der Regel genügt es, eine Tätigkeitsbeschreibung pro Arbeitsplatz zu erstellen, es sei denn, die Anforderungen an diesen Job ändern sich.

- Bei der Zuweisung von Projekten sollten Sie unabhängig davon, ob sie in einer Stunde oder in einem Jahr erledigt werden müssen, die Arbeitsplanung beachten:

  – Stellen Sie gemeinsam mit Ihren Mitarbeitern sämtliche Teilaufgaben zusammen.

  – Legen Sie Beginn und Abschluss dieser Teilaufgaben fest.

  – Definieren Sie, welche Zwischenergebnisse nach jeder Teilaufgabe erreicht sein müssen.

- Sie brauchen keine Angst zu haben, dass Sie zu sehr ins Detail gehen. Man kann nie detailliert genug sein. Außerdem hat es keinerlei negative Auswirkung auf die Qualität der zu leistenden Arbeit, wenn sämtliche Aufgaben beschrieben werden.

noch: Werden Sie aktiv!

> Probieren Sie es einmal aus: Wenn Sie das nächste Mal Essen gehen, beschreiben Sie im ersten Restaurant Ihre Wünsche nur ganz vage und warten Sie ab, was Ihnen serviert wird. Im zweiten Restaurant formulieren Sie Ihre Wünsche ganz konkret. Sie werden staunen, welches Essen mehr nach Ihrem Geschmack ist!
>
> - Möchten Sie die Kreativität Ihrer Mitarbeiter steigern, schildern Sie ein konkretes Problem und bitten Sie um Vorschläge. Locken Sie mit einer Belohnung. Verdeutlichen Sie Ihren Mitarbeitern aber, dass sämtliche von ihnen vorgeschlagene Änderungen erst analysiert und geplant werden müssen, um mögliche Fehler auszuschließen und dafür zu sorgen, dass die Teamarbeit nach wie vor hervorragend klappt.

Mitarbeiter zweifeln an Ihrer Methode

4

1. Gute Idee, aber undurchführbar! ... 48
2. Entdecken, was dahinter steckt 48
3. So kommen Sie dem Problem zuvor . 50

1. Gute Idee, aber undurchführbar!

Ist es Ihnen auch schon einmal passiert, dass Sie einem Mitarbeiter etwas zeigen wollten und dann Folgendes zu hören bekamen?

- Gut, ich werde es mal so probieren, aber ich glaube nicht, dass es klappt.
- Glauben Sie nicht, dass das so ziemlich umständlich ist?
- Theoretisch klingt das ja ganz gut, aber ob es in der Praxis funktioniert …?

Zweifelsohne ist dieser Mitarbeiter nicht gerade davon überzeugt, dass die von Ihnen vorgeschlagene Arbeitsmethode funktioniert. In diesem Fall hat er von seinem Standpunkt aus betrachtet einen vernünftigen Grund, Ihre Anweisung nicht zu befolgen.

Achtung: Dieses Problem tritt meistens mit neuen Mitarbeitern auf oder wenn Sie einem Mitarbeiter, der sich mit der Zeit eine bestimmte Arbeitsweise angewöhnt hat, eine neue Technik oder Methode beibringen möchten.

2. Entdecken, was dahinter steckt

Manchmal kann es ja durchaus vorkommen, dass Ihr Vorschlag wirklich nicht funktioniert, doch mit diesem Sonderfall wollen wir uns jetzt nicht auseinander setzen. Klar, dass Ihre Mitarbeiter in so einem Fall Ihre Anweisungen zurecht in den Wind schlagen. Auch geht es nicht um die Einführung neuer Arbeitsmethoden, über die weder Sie noch Ihre Mitarbeiter richtig gut Bescheid wissen.

Wir befassen uns hier ausschließlich mit Situationen, in denen Ihre Mitarbeiter nicht einsehen, dass Ihre Methode tatsächlich die einzig richtige ist. Dazu folgende Beispiele:

Beispiele:

- Sie weisen Ihren Vertreter an, jedes Verkaufsgespräch mit der Frage, ob der Kunde das Produkt kaufen möchte, abzuschließen. Ihr Mitarbeiter entgegnet daraufhin:

  „Wenn ich das tue, dränge ich meine Kunden in die Ecke, und sie ärgern sich über mich. Dann habe ich beim nächsten Mal so gut wie keine Chance mehr, ihnen etwas zu verkaufen."

- Sie weisen eine Abteilungsleiterin an, ihre Mitarbeiter auch für kleine Fortschritte zu loben, selbst wenn die Gesamtarbeitsleistung noch nicht dem Durchschnitt entspricht, da Lob und Anerkennung ein Ansporn zur weiteren Verbesserung der Arbeitsleistung ist. Doch sie entgegnet Ihnen:

  „Wenn ich das mache, lobe ich meine Mitarbeiter für unterdurchschnittliche Leistungen, das heißt, ich mache ihnen klar, dass mangelhafte Leistung auch in Ordnung ist."

- Sie machen einem Ihrer Kundenbetreuer klar, dass er sich im Falle einer Beschwerde keinesfalls mit einem Kunden streiten darf, weil sich der Kunde dann erst recht aufregt. Er entgegnet Ihnen daraufhin:

  „Wenn ich das tue, wird er es als Schwäche meinerseits auslegen und sich noch mehr mit mir streiten."

- Sie weisen Ihren Techniker an, seine Experimente Schritt für Schritt zu protokollieren, da sich mögliche Fehler nur anhand exakter Daten zurückverfolgen lassen und es nicht viel Zeit kostet, diese Aufzeichnungen zu erstellen. Seine Antwortet lautet jedoch:

  „Wenn ich das tue, werde ich mit meiner Arbeit nicht schnell genug fertig." Aus diesem Grund macht er sich nach Abschluss des Experiments ungenaue Aufzeichnungen.

- Sie erzählen Ihrem Verkäufer, dass sich die Auftragsbearbeitung durch das neue Programm viel schneller abwickeln lässt, woraufhin er meint:

„Das ist doch so umständlich, die ganzen Aufträge in den Rechner einzugeben. Außerdem weiß ich, dass keine Aufträge verloren gehen, wenn ich wie bisher die Auftragsformulare verwende."

3. So kommen Sie dem Problem zuvor

Möchten Sie, dass Ihre Mitarbeiter neue Aufgaben erledigen, bitten Sie um deren Meinung zu diesem Projekt oder dieser Aufgabe. Sind die Mitarbeiter tatsächlich der Ansicht, dass es nicht klappen wird, können Sie gegebenenfalls schon im Vorfeld etwas an der Aufgabenstellung ändern.

Werden Sie aktiv!

- Es fällt in Ihren Zuständigkeitsbereich als Manager, Ihren Mitarbeitern überzeugende Argumente zu liefern, weshalb die von Ihnen vorgeschlagene Arbeitsmethode funktionieren wird. Schöne Worte allein reichen nicht aus, Sie müssen triftige Gründe und Beweise dafür vorlegen können. Verkaufen Sie sich und Ihre Methoden.

- Bei neuen Mitarbeitern lässt sich dieses Problem einfacher vermeiden, da sich ihre Skepsis meist gegen Arbeitsmethoden richtet, mit denen die übrigen Mitarbeiter schon längere Zeit erfolgreich arbeiten. Der Erfolg der Vergangenheit ist Beweis genug für die Richtigkeit Ihrer Methode. Da

noch: Werden Sie aktiv!

ist es schon viel schwieriger, erfahrenen Mitarbeitern neue Methoden schmackhaft zu machen.

Wichtig: Wenn sich „Ihr Weg" in einer anderen Abteilung oder Firma schon als erfolgreich erwiesen hat, halten Sie dies Ihren Mitarbeitern vor Augen. Handelt es sich jedoch um etwas völlig Neues, müssen Sie ihnen die Fakten vorlegen, auf Grund derer Sie selbst vom Erfolg der neuen Methode überzeugt sind. In beiden Fällen gilt jedoch, dass Sie im Detail und mit Hilfe entsprechender Unterlagen erklären, warum etwas auf Ihre Weise erledigt werden muss.

- Sollte es Ihnen nicht gelingen, Ihre Mitarbeiter von der neuen Methode zu überzeugen, bleibt nur noch Eines: Bitten Sie sie, Ihre Methode auszuprobieren, wobei Sie die volle Verantwortung für den Ausgang dieses „Experiments" übernehmen. Klappt alles wie am Schnürchen, sind vermutlich auch die letzten Zweifel ausgeräumt.

Achtung: Falls Sie diesen Weg einschlagen, müssen Sie Ihre Mitarbeiter zumindest in der Anfangsphase genau beobachten und darauf achten, dass sie sich wirklich an Ihre Anweisungen halten, sonst scheitert das Projekt und Ihre Methode wird völlig zu Unrecht als impraktikabel bezeichnet.

Mitarbeiter denken, die eigene Arbeitsweise sei die bessere

5

1. Logisch und trotzdem falsch 54
2. „Befehlsausführung" kontra Selbstständigkeit 56
3. So kommen Sie dem Problem zuvor . 57

1. Logisch und trotzdem falsch

Vielleicht denken Sie jetzt, das hatten wir doch schon im letzten Kapitel. Dem ist nicht so. Die Betonung liegt hier auf den Arbeitsmethoden Ihrer Mitarbeiter, die Ihre Methode ja vielleicht ganz gut finden, doch ihre eigene in jedem Fall bevorzugen. In solchen Situationen könnten Sie zu hören bekommen: „Das habe ich aber doch schon immer so gemacht." oder „Müssen wir wirklich immer alles so machen, wie Sie es sagen?" oder „Das ist doch reine Zeitverschwendung."

- *Vorgesetzter:* „Bitte halten Sie während des gesamten Projekts kontinuierlich Rücksprache mit Ihren Mitarbeitern und holen Sie sich nach jeder Teilstufe eine Genehmigung ein, bevor Sie weiter machen."

  Angestellter: „Ich weiß doch ganz genau, was zu tun ist. Ich kann viel Zeit sparen, wenn ich das Projekt in einem durchziehe und mich erst am Schluss um die Genehmigungen kümmere."

- *Vorgesetzter:* „Bitte ergänzen Sie die Kundenkartei nach jedem Telefonat, dann ist sicher gestellt, dass Sie nichts vergessen."

  Angestellter: „Ich mache das lieber am Ende des Arbeitstages, da stehe ich nicht so unter Zeitdruck."

- *Vorgesetzter:* „Bitte verwenden Sie die Sicherheitsabdeckung, während die Maschine läuft."

  Angestellter: „Ich passe schon auf, dass nichts passiert. Ohne Abdeckung kann ich viel schneller arbeiten."

- *Vorgesetzter:* „Bitte teilen Sie Ihren Mitarbeitern täglich mit, dass sie gute Arbeit geleistet haben und das Projekt wie geplant läuft."

Angestellter: „Ich denke, es reicht völlig aus, wenn sie so alle sechs Monate eine Mail von mir erhalten, in der steht, dass sie ihre Sache gut gemacht haben."

Nachfolgend einige Auszüge aus Gesprächen, die mir Manager geschildert haben:

- *Vorgesetzter:* „Sie hätten die Stellenanzeigen nicht gerade während der Urlaubszeit schalten sollen. Wissen Sie denn nicht, dass der Rücklauf zu dieser Zeit sehr niedrig ist?"

    Angestellter: „Ich dachte mir, gerade während der Urlaubszeit macht es Sinn, weil die Leute da mehr Zeit haben, die Zeitung zu lesen."

- *Vorgesetzter:* „Sie haben mir doch neulich erst gesagt, dass Ihre Buchhalterin keine besonders gute Arbeit leistet. Warum hat sie dann eine Gehaltserhöhung bekommen?"

    Angestellter: „Ich dachte, ich könnte sie damit zu besseren Leistungen anspornen."

- *Vorgesetzter:* „Dieser Kunde ist sehr verärgert, weil Sie ihm gesagt haben, wir hätten die Ware auf Lager, obwohl das nicht zutrifft. Ich habe Ihnen doch schon so oft gesagt, dass Sie erst den Bestand im Lager prüfen müssen, bevor Sie Kunden gegenüber irgendwelche Zusagen machen."

    Angestellter: „Ich dachte, das sei nicht notwendig, weil ich den Bestand am Rechner abgefragt habe und davon ausging, dass die Bestandsangaben immer aktuell sind."

- *Vorgesetzter:* „Der Kollege, der neulich die Besprechung geleitet hat, ist ziemlich ärgerlich auf Sie, weil Sie den Kaffee so spät bringen ließen, dass die Kaffeepause viel länger dauerte als geplant. Dadurch kam der ganze Zeitplan durcheinander."

    Angestellter: „Ich lasse den Kaffee immer so spät bringen, damit die Besprechung nicht gestört wird."

Häufig werden Situationen wie diese als Zeichen dafür gewertet, dass sich die Mitarbeiter gegen Veränderungen sträuben. Das trifft aber nicht immer zu. Vom Standpunkt der Mitarbeiter aus gibt es logische Gründe für ihr Verhalten. Sie mögen zwar der Ansicht sein, dass auch Ihr Vorschlag funktionieren könnte, aber sie halten ihre eigenen Vorgehensweisen für besser. Und wenn dem so ist, gibt es für die Mitarbeiter überhaupt keinen ersichtlichen Grund, ihr Verhalten zu ändern.

2. „Befehlsausführung" kontra Selbstständigkeit

Auch hier befassen wir uns nicht mit Situationen, in denen die Arbeitsmethoden Ihrer Angestellten tatsächlich besser als Ihre sind, denn in diesem Fall versteht sich von selbst, dass die Arbeit nach den Vorstellungen der Mitarbeiter erledigt werden sollte. Wir wollen ergründen, was zu tun ist, wenn Ihre Mitarbeiter fälschlicherweise davon ausgehen, dass ihre Methoden die besseren sind.

In fast allen meiner Managementseminare gibt es mindestens einen Manager, der Problemmitarbeiter als Menschen beschreibt, die nicht mitdenken und denen man alles bis ins Kleinste erklären muss. Er klagt: „Warum arbeiten sie nicht selbstständig? Warum sind sie nicht innovativ?" Ich kann darauf wetten, dass sich in derselben Gruppe ein anderer Manager zu Wort meldet, für den Problemmitarbeiter Menschen sind, die sich einfach nicht an Anweisungen halten. Dieser Manager klagt über das genaue Gegenteil: „Meine Leute halten sich nicht an das, was ich ihnen sage. Sie scheinen einfach nicht in der Lage zu sein, Anweisungen zu folgen."

Meistens schlage ich diesen Führungskräften dann vor, einfach ihre Mitarbeiter zu tauschen, aber das ist natürlich nur als Scherz und nicht als ernsthafte Lösung gedacht. Vielen Führungskräften ist nicht bewusst, dass Mitarbeiter, die sich nicht an Anweisungen halten, dies nicht aus Ungehorsam tun, sondern weil sie selbstständig Entscheidungen treffen und innovativ denken. Nur wenn ein Mitarbeiter mitdenkt, kann er auch zu dem Schluss kommen, dass seine Methode die bessere ist, und häufig hat er dabei nur das Wohl des Unternehmens im Auge.

Entscheiden sich Mitarbeiter für eine Alternativlösung zu Ihrem Vorschlag und tun dann das Falsche, weil sie der Ansicht waren, ihre Methode sei die bessere, könnte man sie in einem gewissen Sinn als innovativ bezeichnen. Leider handelt es sich dabei jedoch um unerwünschte und schlechte Innovationen, durch die sich Fehler einschleichen, die den Mitarbeitern, Ihnen, dem Unternehmen und den Kunden schaden.

Wichtig: Die meisten Manager sind begeistert, wenn ihre Mitarbeiter innovativ sind und mitdenken – solange alles gut geht. Geht es schief, stellen sie sofort die allseits bekannte Frage: „Warum halten Sie sich nicht einfach an meine Anweisungen?"

3. So kommen Sie dem Problem zuvor

Machen Sie sich klar, dass innovatives Denken im Allgemeinen nichts anderes bedeutet, als Alternativen zu finden. Daher sollte zwischen guten und schlechten Innovationen unterschieden werden. Gute Innovationen sind zum Beispiel, wenn sich Ihre Mitarbeiter neue Verfahren überlegen, die ausgereift und praktikabel genug sind, um produktiver und erfolgreicher arbeiten zu können. Schlechte Innovationen sind jedoch, wenn sich Ihre Mitarbeiter Methoden überlegen und praktizieren, die sie selbst zwar für gut halten, von denen jeder andere aber weiß, dass sie nicht gut sind. Anders ausgedrückt: Wären Ihre Mitarbeiter auf demselben Wissensstand wie Sie, hätten sie sicher widerspruchslos Ihre Anweisungen befolgt.

Werden Sie aktiv!

- Klären Sie vor Beginn einer bestimmten Aufgabe, ob dieses Problem vorliegt. Bei der Planung eines Projekts oder der Verteilung von Aufgaben sollten Sie Ihre Mitarbeiter fragen, wie ihrer Meinung nach am besten vorgegangen werden sollte. Die meisten Mitarbeiter sagen es Ihnen ohnehin, wenn sie glauben, sie hätten eine bessere Lösung parat.

  Wichtig: Zur Sicherheit können Sie auch nachfragen: „Gibt es irgendeinen Grund, das Projekt anders als gerade besprochen bearbeiten zu wollen?" Wenn es ein Argument gibt, müssen Sie es kennen, bevor die Arbeit beginnt. Nur so können Sie Fehler vermeiden. Warten Sie nicht ab, bis ein echtes Problem daraus entsteht.

- Sie als Manager müssen die Überzeugungsarbeit leisten, wenn es darum geht, einem Mitarbeiter klar zu machen, dass seine Methode keinesfalls besser als Ihre Anweisung ist. Worte reichen da nicht aus. Es ist Ihre Aufgaben, Fakten und Beweise zu liefern.

  Achtung: Es ist immer sinnvoll, den Mitarbeitern den Zusammenhang zwischen Ursache und Wirkung zu erklären, also den Zusammenhang zwischen den einzelnen Aufgaben und dem erwünschten Ergebnis. Stellen Sie anschließend die diesbezüglichen Unterschiede zwischen Ihrer Methode und der ihrer Mitarbeiter heraus. In den meisten Fällen ist das Problem damit gelöst.

- Lassen Sie niemals absichtlich einen Mitarbeiter einen Fehler begehen, nur um damit zu beweisen, dass Sie Recht hatten, ganz besonders dann nicht, wenn daraus hohe Kosten entstehen können.

  Die Vorstellung, dass Mitarbeiter aus ihren Fehlern lernen, hat natürlich ihren Reiz. Lernen aus Erfahrung heißt je-

noch: Werden Sie aktiv!

doch, dass man etwas solange falsch macht, bis man lernt, wie es besser geht. Manche Menschen müssen sehr viele Fehler machen, bevor sie etwas dazu lernen, andere machen hartnäckig immer wieder dieselben Fehler und wieder andere geben einfach auf, weil sie entmutigt sind. In dem Sprichwort „Aus Fehlern wird man klug" steckt natürlich ein Körnchen Wahrheit, doch ist es wesentlich besser, aus Erfolgen zu lernen. Tiere in freier Wildbahn können nur aus ihren eigenen – oft schmerzlichen – Erfahrungen lernen und häufig bedeutet ein Fehler den Tod. Als intelligente menschliche Wesen genießen wir den Vorteil, aus den Erfahrungen anderer lernen zu können. Auf diese Weise ersparen wir es uns, dieselben dummen Fehler zu machen, die andere vor uns irrtümlicherweise für eine gute Idee hielten. Wir können in kürzerer Zeit viel mehr lernen, ohne dabei ständig auf die Nase zu fallen.

Wichtig: Falsch zu handeln ist nicht nur peinlich, sondern auch Zeit- und Materialverschwendung und kann dazu führen, dass Kunden abspringen oder Personen zu Schaden kommen. Aus diesem Grund profitieren Sie und Ihre Mitarbeiter, wenn Ihre Anweisungen eingehalten werden.

- Sind alle Versuche, Ihre Mitarbeiter von der Richtigkeit Ihrer Vorgehensweise zu überzeugen, gescheitert, bleibt Ihnen noch ein Mittel: Fragen Sie Ihre Mitarbeiter, ob es irgendetwas gibt, was sie davon überzeugen könnte, dass Ihre Methode die bessere ist. Lautet die Antwort „Nein", erklären Sie die Diskussion für beendet und verlangen Sie, dass man sich ohne weiteren Widerspruch an Ihre Anweisungen hält.

Mitarbeiter halten etwas anderes für wichtiger

6

1. Prioritätenstreit 62
2. Dringlich, wichtig oder nur bis bald . 62
3. So kommen Sie dem Problem zuvor . 66

1. Prioritätenstreit

Manager neigen dazu, den Grund für mangelnde Arbeitsleistungen damit gleichzusetzen, dass es dem Mitarbeiter an Zeit fehlt. Wenn ich dann nachfrage, ob damit gemeint ist, dass vom Mitarbeiter in der ihm zur Verfügung stehenden Zeit zu viel verlangt wird, lautet die Antwort meistens: „Nein, er kümmert sich nur um viele andere Dinge, die gar nicht so wichtig sind."

Auf meine Frage, warum das so ist, wird mir erklärt: „Ganz einfach, der Mitarbeiter denkt, dass andere Sachen höhere Priorität hätten." Das heißt im Klartext, der Mitarbeiter glaubt, etwas anderes sei wichtiger.

2. Dringlich, wichtig oder nur bis bald

Auch Sie sind von diesem Problem betroffen, wenn Sie als Grund dafür, dass eine bestimmte Aufgabe nicht erledigt wurde, eine der folgenden Aussagen zu hören bekommen:

- Ich bin noch nicht dazu gekommen.
- Ich habe nicht gewusst, dass Sie es sofort brauchen.
- Ich musste mich noch um andere Dinge kümmern.
- Das steht als nächstes auf meiner Liste.
- Ich kann nicht alles auf einmal erledigen.

Diese Antworten klingen wie Entschuldigungen, bedeuten aber nichts anderes, als dass der Mitarbeiter davon ausging, andere Sachen wären eben wichtiger. Dringende Arbeiten bleiben normalerweise nur aus dem einfachen Grund liegen, weil jemand glaubt, etwas anderes wäre noch dringender.

Achtung: Es steckt oft wirklich nicht mehr dahinter, als dass Mitarbeiter die Prioritäten der vielen einzelnen Aufgaben und Projekte, um die sie sich kümmern müssen, nicht kennen. Dafür gibt es mehrere Gründe:

- Der Vorgesetzte vergisst, die Prioritäten festzulegen, wenn er die Aufgaben verteilt.

- Für den Vorgesetzten haben alle Aufgaben oberste Priorität.

- Der Vorgesetzte ändert die Prioritäten, informiert aber die Mitarbeiter nicht darüber.

- Die Prioritäten der verschiedenen Aufgaben und Projekte eines Mitarbeiters ändern sich aus organisatorisch oder arbeitstechnisch bedingten Gründen, und es wurde ihm nicht erklärt, nach welchen Kriterien er zu jeder Zeit entscheiden können muss, was gerade am wichtigsten ist.

Der Fokus stimmt nicht

In den seltensten Fällen entsteht dieses Problem durch mangelndes Engagement eines Mitarbeiters. Er erledigt einfach andere Aufgaben, von denen er glaubt, sie seien wichtiger. Kennen auch Sie Beispiele wie diese?

- Der Buchhalter glaubt, es sei wichtiger, perfekt zu sein, als Arbeiten pünktlich zu erledigen.

- Der Packer meint, es sei wichtiger, rechtzeitig fertig zu werden, als fehlerfrei zu arbeiten.

- Der Ingenieur ist überzeugt, es sei wichtiger, alle verfügbaren Daten zu recherchieren, als den Zeitplan einzuhalten.

- Die Chemikerin findet, es sei wichtiger, ihr Lieblingsforschungsprojekt zu bearbeiten, als ihren Teamkollegen zu helfen.

- Der Manager ist der Meinung, es sei wichtiger, bei seinen Untergebenen beliebt zu sein, als ihre Arbeit zu korrigieren und regelwidriges Verhalten zu maßregeln.

- Der Finanzmanager denkt, es sei wichtiger, bei den kleinsten Kreditrisiken scharf durchzugreifen, als sich um die allgemeine Umsatzsteigerung zu kümmern.

Wichtig oder eigentlich nur angenehm

Es gibt natürlich auch Fälle, in denen deutlich wird, dass die von den Mitarbeitern gesetzten Prioritäten mehr mit ihren privaten Vorlieben als mit ihrer beruflichen Tätigkeit zu tun haben. Zum Beispiel:

- Der Abteilungsleiter, der es bei der Planung von Besprechungen für wichtiger hält, dass sie in seinen persönlichen Zeitplan passen, anstatt diese im Voraus mit den ebenfalls sehr beschäftigten Kollegen abzusprechen.

- Die Systemanalytikerin, der es wichtiger ist, ihren Ruf zu verteidigen, anstatt einen Fehler zuzugeben.

- Die Verkäuferin, der ihr äußeres Erscheinungsbild wichtiger ist, als pünktlich zur Arbeit zu erscheinen.

- Der Techniker, dem es wichtiger ist, kompetent zu erscheinen, anstatt zuzugeben, dass er etwas nicht weiß.

- Der Sachbearbeiter, dem es wichtiger ist, in der Mittagspause Privateinkäufe zu erledigen, als seine Pause pünktlich zu beenden.

- Der Mitarbeiter, der glaubt, es sei wichtiger, als erster in den Feierabend zu verschwinden als auch die letzte Minute seines Arbeitstages zu arbeiten.

Es kommt auch des Öfteren vor, dass Manager ihren Mitarbeitern wortreich und eindringlich klar machen, wie absolut wichtig ein bestimmtes Projekt ist, Informationen über Prioritätsverschiebungen dann aber nur ganz beiläufig erwähnen.

> **Beispiel:**
>
> Ein Manager aus der Forschungsabteilung eines internationalen Chemiekonzerns erzählte mir neulich, dass er und sein Team einmal ein für zwei Jahre ausgelegtes Projekt übernommen hätten, das im Unternehmen als ausschlaggebend für die betriebliche Zukunft beschrieben wurde und daher erste und oberste Priorität genoss.
>
> Er berichtete mir, dass die fünf obersten Führungskräfte ihm und seinem Team in einer ganztägigen Projektbesprechung immer wieder eindringlich erzählten, wie wichtig das Projekt doch wäre.
>
> Sechs Monate später wurde eine weitere Besprechung einberufen, bei der die Firmenleitung erklärte, dass das Unternehmen nun einen Richtungswechsel beabsichtige. Es gäbe ein neues, langfristiges Projekt mit oberster Priorität, von dem die Zukunft des Unternehmens abhinge, das vorherige Projekt solle daher abgebrochen werden.
>
> Dies alles wurde dem Team innerhalb von nur einer Stunde mitgeteilt. Der Manager erzählte mir, dass es außerordentlich schwierig gewesen wäre, seine Mitarbeiter davon zu überzeugen, dass sie mit den Arbeiten für das erste Projekt tatsächlich aufhören könnten.

> **Erfolgs-Tipp:**
>
> - Jeder Arbeitstag besteht nur aus einer begrenzten Anzahl an Arbeitsstunden. Arbeiten Ihre Mitarbeiter in dieser Zeit an unwichtigen Aufgaben, stecken Sie und Ihr Unternehmen in ernsthaften Schwierigkeiten.
>
> - Der einzige Unterschied zwischen einem erfolgreichen und einem erfolglosen Unternehmen besteht manchmal nur darin, dass die Mitarbeiter des erfolgreichen Unternehmens genau wissen, welche Dinge wann zu erledigen sind und ihre Zeit nicht mit unwichtigen Sachen vertrödeln.

3. So kommen Sie dem Problem zuvor

Genießen die Arbeiten, die Sie Ihren Mitarbeitern zuweisen, unterschiedliche Prioritäten oder ändern sie sich häufig, müssen Sie diese Projekte schon bei der Zuteilung entsprechend kennzeichnen.

Wichtig: Erklären Sie Ihren Mitarbeitern im Detail, warum eine bestimmte Aufgabe wichtiger ist als eine andere.

> **Werden Sie aktiv!**
>
> - Werden Ihre Mitarbeiter auch von anderen Abteilungen mit Aufgaben betraut, erstellen Sie eine Liste, in der die Prioritäten nach bestimmten Kategorien geordnet werden. Auf diese Weise können Ihre Mitarbeiter ihren Aufgaben selbst die jeweilige Priorität zuordnen.
>
> - Ändern sich die Prioritäten auf Grund neuer Arbeitssituationen, stellen Sie Ihren Mitarbeitern dieselben Richtlinien

noch: Werden Sie aktiv!

zur Verfügung, anhand derer Sie selbst zu jeder Zeit die Prioritäten der verschiedenen Aufgaben beurteilen können.

- Ändern sich die Prioritäten, sollten Ihre Mitarbeiter die ersten sein, die darüber informiert werden.

- Ändern Sie Ihre obersten Prioritäten häufig, müssen Sie unbedingt dafür sorgen, dass zum Zeitpunkt der Prioritätenverschiebung jeder Mitarbeiter davon in Kenntnis gesetzt wird und jeder Mitarbeiter zu jeder Zeit genau weiß, welches Projekt momentan das wichtigste ist.

- Falls Sie gerne jedem Projekt den Stempel „oberste Priorität" verpassen, ist jetzt der Zeitpunkt gekommen, mit diesem Unsinn aufzuhören. Selbst in der Notaufnahme eines Krankenhauses herrschen unterschiedliche Prioritäten. Wenn Sie dafür sorgen, dass Ihre Mitarbeiter ständig unter Zeitdruck stehen und sich Panik ausbreitet, ist das alles andere als produktiv, da die meisten Mitarbeiter dann entweder einen Gang herunter schalten und nur das Nötigste erledigen oder gar die Firma wechseln.

Mitarbeiter sehen keine positiven Folgen ihrer Arbeit

7

1. Viel Mühe ohne Lohn 70
2. Managermeinung: Dafür werden Sie bezahlt! 71
3. Loben: Wenn ja, dann viel zu selten . 73
4. So kommen Sie dem Problem zuvor . 75

1. Viel Mühe ohne Lohn

Viele Manager glauben, der unwahrscheinlichste Grund für schlechte Arbeitsleistung wäre, keinen Anreiz für die Erledigung einer Aufgabe zu haben. Häufig liegt das daran, dass Führungskräfte nicht verstehen, was vom Standpunkt der Mitarbeiter aus als Anreiz betrachtet wird und wie vorteilhaft sich eine Belohnung auf die Arbeitsleistung auswirkt.

Lesen Sie sich bitte folgende Beispiele durch, versetzen Sie sich in die Lage des jeweiligen Mitarbeiters und fragen Sie sich, ob sich aus der Erledigung der beschriebenen Aufgaben positive Konsequenzen ergaben.

Beispiele:

- Ich habe gestern bis spät in die Nacht gearbeitet, um einen Bericht fertig zu stellen, doch als ich ihn heute Morgen der Chefin brachte, hat sie nicht einmal von ihrem Schreibtisch aufgesehen.

- Vor sechs Monaten habe ich meinem Vorgesetzten einen wirklich guten Verbesserungsvorschlag unterbreitet, doch seitdem habe ich nichts mehr von ihm gehört.

- Ich versuche verzweifelt, die Fehler in diesem Programm zu finden, aber ich komme einfach nicht voran.

- Nachdem mein Chef mir gesagt hat, dass ich in den Besprechungen keine unwichtigen Punkte mehr ansprechen soll, da das viel zu viel Zeit kostet, habe ich mich daran gehalten. Doch er scheint es nicht einmal bemerkt zu haben.

- Als ich meiner Vorgesetzten mitteilte, dass wir das Projekt genau nach Zeitplan fertig stellen werden, war ihr Kommentar: „Sie kriegen keinen Orden dafür, wenn Sie das tun, wofür Sie bezahlt werden!"

> - Seit mich mein Chef darauf hingewiesen hat, dass Kassenfehlbestände unbedingt zu vermeiden sind, stimmt meine Kasse jeden Abend. Meinen Boss scheint das jedoch nicht zu interessieren.

2. Managermeinung: Dafür werden Sie bezahlt!

Offensichtlich fehlt in den oben genannten Beispielen jegliche positive Verstärkung für das Verhalten der Mitarbeiter. Viele Manager sind zwar der Ansicht, die Bezahlung für geleistete Arbeit wäre Anreiz genug, aber so funktioniert es leider nicht. Psychologischen Studien zufolge hat das Gehalt so gut wie keinen Einfluss auf die Produktivität der Mitarbeiter. Der bekannte Verhaltenspsychologe B. F. Skinner hat einmal gesagt: „Die Menschen erscheinen nicht am Arbeitsplatz, um bezahlt zu werden, sondern damit die Bezahlung nicht plötzlich eingestellt wird." Außerdem können in vielen Unternehmen Mitarbeiter über längere Zeit schlechte Arbeitsleistung erbringen, bevor ihr Gehalt gekürzt oder ihnen gekündigt wird. Für viele Mitarbeiter ist die Gehaltsüberweisung so selbstverständlich wie die Luft zum Atmen: Erst wenn sie fehlt, fällt auf, wie wichtig sie ist.

Psychologische Studien belegen, dass Menschen im Allgemeinen Dinge tun, für die sie belohnt werden und umgekehrt die Dinge nicht tun, für die keine Belohnung winkt. Anders ausgedrückt wird belohntes Verhalten wiederholt, und Lob verstärkt den persönlichen Einsatz. Psychologen bezeichnen jede Form von Lob oder Belohnung als „positive Verstärkung", die sich in zwei Kategorien aufteilen lässt. Zum einen gibt es positive Verstärkung von außen, also von einer anderen Person, und zum anderen von innen, das heißt durch die betreffende Person selbst. Die erste Kategorie lässt sich wiederum aufteilen in materielle Belohnung, wie zum Beispiel ein Blumenstrauß, eine Medaille oder Geld, und immaterielle Belohnung, wie zum Beispiel ein Kompliment, ein Lob oder auch ein Lächeln. Verstärkung von innen heraus ist immer immateriell, das heißt, man klopft sich gewissermaßen selbst auf die Schulter und denkt sich:

- Ich bin ein ehrlicher Mensch.
- Ich bin wirklich nett.
- Ich kann hart arbeiten.
- Diesmal habe ich meine Sache besser gemacht als sonst.
- Ich arbeite jetzt viel weniger und komme sogar damit durch.

Am wirkungsvollsten: Unmittelbare Belohnung

Die Studien haben aber auch erwiesen, dass die positive Verstärkung – in welcher Form auch immer – am wirkungsvollsten ist, wenn sie unmittelbar auf die jeweilige Handlung folgt und häufig wiederholt wird. Anders ausgedrückt bedeutet dies, dass zum Beispiel ein lobendes Wort sich weitaus leistungssteigernder auswirkt, wenn es häufig und direkt auf die entsprechende Handlung erfolgt. Größere Belobigungen, die erst nach längerer Zeit und viel seltener erfolgen, zeigen eine erheblich schwächere Wirkung auf die Leistung des Einzelnen.

Erfolgs-Tipp:

Manager haben nur eine Möglichkeit, den Anforderungen nach häufiger positiver Verstärkung zu entsprechen: Den Mitarbeiter für erbrachte Leistungen zu loben. Diese Anerkennung kann häufig gewährt werden, sofort nach einer bestimmten Handlung erfolgen und kostet nichts. Trotzdem ist Anerkennung am Arbeitsplatz leider viel zu selten.

3. Loben: Wenn ja, dann viel zu selten

Manche Manager legen keinen Wert darauf, Mitarbeiter für ihre Leistungen zu loben, da sie der Ansicht sind, ein mündliches Lob wäre nicht von Bedeutung. Diese Manager sind sich nicht bewusst, dass sie allein auf Grund ihrer Position und der damit verbundenen Macht zu einer sehr wichtigen Bezugsperson im Leben ihrer Mitarbeiter werden. Der Fachbegriff dafür lautet „Signifikante Andere" und bezeichnet all diejenigen Personen, die im Leben eines Menschen von Bedeutung sind. Lob und Kritik von einem signifikanten Anderen sind wesentlich bedeutungsvoller als von jemanden, der nicht zu diesem Kreis zählt. Aus diesem Grund ist Ihr Lob – mündlich oder per E-Mail – an Ihre Mitarbeiter für deren Leistungen von sehr großer Bedeutung.

Memos: Motivation fraglich

Viele Manager haben mir auf entsprechende Fragen meinerseits mitgeteilt: „Ich sende meinen Mitarbeitern Memos, in denen ich sie für ihre Arbeit lobe. Ist das denn nicht auch eine Form der positiven Verstärkung?" Meine Antwort darauf lautet üblicherweise: „Ja schon, aber wie viele Memos können Sie einem Mitarbeiter pro Arbeitstag senden?" „Täglich? Nein, üblich sind etwa drei oder vier Memos im Jahr." Darin liegt das Problem. Durch ihren „Seltenheitswert" haben Memos so gut wie keine Auswirkung auf die Arbeitsleistung. Da es bei der positiven Verstärkung vor allem auf ihre Wiederholungsrate ankommt, ist ein mündliches Lob viel besser als ein Memo.

In den meisten Fällen bekomme ich folgenden Einwand zu hören: „Fragen Sie doch einmal die Mitarbeiter, was ihnen lieber ist: Ein Memo oder ein Lob. Ausnahmslos alle bevorzugen ein Memo." Dem kann ich zwar nur zustimmen, aber es geht hier nicht um die Vorlieben der Mitarbeiter, sondern um das effektivste Mittel zur Leistungssteigerung – und das ist nun einmal häufiges Lob.

Wichtig: In Studien über das Arbeitsumfeld und die Berufstätigkeit wurde nachgewiesen, dass es nur drei verschiedene Quellen für positive Verstärkung für Angestellte gibt: Die Tätigkeit an sich, die Kollegen und die Vorgesetzten.

Lob von allen Seiten

Nachfolgend ein Beispiel für die leistungsfördernde Wirkung durch die Tätigkeit selbst. Stellen Sie sich bitte vor, Sie würden Ihr Auto waschen und polieren. Je stärker der Wagen glänzt, umso deutlicher merken Sie, dass sich die Mühe gelohnt hat. Wetten, dass auch Sie nicht umhin können, Ihr Werk mit einem „Toll, wie das funkelt!" zu kommentieren? Diese Form der positiven Verstärkung ergibt sich natürlich auch, wenn Sie mit Zahlen jonglieren, ein Problem analysieren, einen Bericht erstellen oder etwas reparieren. In der Dienstleistungsbranche zeigt das Lob eines Kunden eine ähnliche Wirkung.

Vergleichbar mit der positiven Verstärkung durch Kollegen wäre es, wenn Ihr Nachbar Ihnen zum Beispiel zuruft: „Ihr Wagen sieht aus wie neu. Ich wünschte, mein Auto würde auch so glänzen!" Bedauerlicherweise ist Lob von den Kollegen für gute Leistungen eher ungewöhnlich. Üblicher sind dagegen Kommentare über das Geschick eines Kollegen, sich vor einer unliebsamen Arbeit zu drücken, wie beispielsweise: „Ich wünschte, ich wäre wie du und würde mir nicht immer so große Sorgen wegen meiner Fehler machen." oder „Wie schaffst du es bloß, dich immer wieder vor diesen lästigen Wochenberichten zu drücken." oder „Ich hätte auch gerne so ein dickes Fell wie du. Die größte Hektik prallt einfach an dir ab."

Die dritte Quelle für positive Verstärkung sind anerkennende Kommentare des Vorgesetzten über die Leistungen seiner Mitarbeiter wie zum Beispiel „Vielen Dank, dass Sie für diesen Bericht sogar Überstunden gearbeitet haben!" oder „Ich bin mir darüber im Klaren, dass das Projekt noch nicht so richtig läuft, aber ich weiß Ihre

Bemühungen unbedingt zu schätzen!" oder „Vielen Dank, dass Sie in der Besprechung nur die vereinbarten Punkte angesprochen haben!"

> **Erfolgs-Tipp:**
> Es gibt viele schwierige, sich ständig wiederholende, langweilige oder unangenehme Aufgaben. Gerade dabei sollte Ihr Mitarbeiter das Gefühl haben, dass sich seine Plackerei lohnt. Fehlt das Lob des Vorgesetzten in derartigen Situationen, besteht keinerlei Anreiz für den Angestellten, sich beim nächsten Mal wieder so stark einzusetzen.

Einer der Hauptgründe für viele Manager, Lob nicht als Mittel zur Leistungssteigerung zu verwenden, entsteht aus der geradezu lächerlichen Fragestellung: „Meine Leute werden schließlich dafür bezahlt, dass sie tun, was ich von ihnen verlange, wozu soll ich sie also noch loben, wenn sie doch lediglich ihren Job erledigen?" Die Antwort lautet: „Wenn Sie Ihre Mitarbeiter für ein bestimmtes Verhalten nicht loben, es somit also nicht verstärken, gibt es keinen Grund für sie, dieses Verhalten zu wiederholen. Die Bezahlung dafür spielt zumindest in den Augen der Mitarbeiter keine Rolle."

Wichtig: Manager müssen sich darüber im Klaren sein, dass Lob für gute Arbeitsleistung eine Managementmaßnahme ist, das allgemeine Leistungsniveau der Mitarbeiter aufrecht zu erhalten. Nur so erhalten Sie einen angemessenen Gegenwert für „Ihr" Geld!

4. So kommen Sie dem Problem zuvor

Sie müssen Ihren Mitarbeitern „Belohnungen" gewähren. So verstärken Sie die Arbeitsleistung Ihrer Mitarbeiter und erhalten genau das, was Sie von ihnen erwarten und wofür sie bezahlt werden. Achten Sie darauf, dass Sie Ihre Mitarbeiter immer dann loben, wenn eine Arbeit oder ein Projekt abgeschlossen wurde, um das Leistungsniveau zu halten. Damit Ihnen gute Leistungen auch auffallen können, müssen Sie sich natürlich des Öfteren von Ihrem Schreibtisch loseisen. Da die meisten Ihrer Mitarbeiter zu neunzig Prozent genau das tun, was von ihnen erwartet wird, sollte es Ihnen nicht schwer fallen, sie bei einer Tätigkeit anzutreffen, die ein ehrliches Lob verdient.

Verbale Anerkennung

Hier ein paar Beispiele für lobenswerte Leistungen und anerkennende Worte:

Beispiele:

- Mir ist aufgefallen, dass Sie gestern bis spät in die Nacht gearbeitet haben, um diesen Bericht noch rechtzeitig fertig stellen zu können. Tausend Dank für Ihren tatkräftigen Einsatz.

- Vielen Dank für Ihre Verbesserungsvorschläge – nur mit Teamwork dieser Art werden wir auch in Zukunft Erfolg haben. Sobald wir Ihre Vorschläge ausgewertet haben, werde ich Ihnen Bescheid geben.

- Ich finde es wirklich lobenswert, dass Sie so unermüdlich nach den Fehlern in diesem Programm suchen. Wenn Sie am Ball bleiben, ist Ihnen der Erfolg sicher.

- Danke, dass Sie sich bei unserer heutigen Mitarbeiterbesprechung auf die Punkte der Tagesordnung beschränkt haben, wie wir es vereinbart hatten. Dadurch konnte ich die Besprechung viel zügiger abhalten.

- Wieder einmal gute Arbeit geleistet. Sie setzen sich wirklich dafür ein, dass wir unsere Termine einhalten können. Weiter so!

- Seit ich Sie darauf aufmerksam gemacht habe, achten Sie immer darauf, dass Ihre Kasse stimmt. Vielen Dank!

Werden Sie aktiv!

- Loben Sie Ihren Mitarbeiter grundsätzlich nur unter vier Augen. So vermeiden Sie abfällige Kommentare (negative Verstärkung) seitens der Kollegen.

- Vermeiden Sie allgemein formuliertes Lob wie „Gut gemacht!", „Super!" und Ähnliches, sondern gehen Sie auf die jeweilige Tätigkeit ein, für die Sie ein Lob aussprechen möchten.

- Wenn Sie sich schon die Zeit nehmen, Ihre Mitarbeiter um bessere Leistungen zu bitten, müssen Sie sich auch genug Zeit dafür nehmen, deren Fortschritte festzustellen und sie dafür zu loben. Die Kommunikation per E-Mail eignet sich zwar dafür, schnell ein Lob zu verschicken, aber nicht dafür, herauszufinden, was wirklich vor sich geht. Nur in einem persönlichen Gespräch lässt sich der Stand der Dinge auch tatsächlich klären.

- Überreicht Ihnen ein Mitarbeiter zum Beispiel termingerecht einen Bericht, der bis auf einen Abschnitt wirklich gut ist, sollten Sie deutlich zwischen dem guten und weniger gelungenen Teil unterscheiden. Ihr Lob könnte zum Beispiel so ausfallen: „Vielen Dank, dass Sie den Termin eingehalten haben. Punkt eins, zwei, drei und fünf sind wirklich ganz hervorragend. Ich schlage vor, wir besprechen noch die notwendigen Verbesserungen zu Punkt vier, damit Ihr Bericht eine rundum professionelle Arbeit wird."

- Warten Sie mit Ihrem Lob nicht solange, bis das Projekt oder die Aufgabe abgeschlossen ist. Loben Sie Ihre Mitarbeiter für alle Zwischenschritte auf dem Weg zum Ziel. Mit dieser Methode ist in der Regel dafür gesorgt, dass auch das Endergebnis wie erwartet ausfällt.

Materiell greifbare Anerkennung

Nachfolgend einige Beispiele für materielle Formen positiver Verstärkung.

Beispiele:

- Beim letzten Bericht, der wirklich sehr schwierig war, haben Sie hervorragende Arbeit geleistet. Dafür habe ich hier nun eine ganz einfache Aufgabe für Sie.

- Sie arbeiten so sorgfältig und gewissenhaft, dass Sie als erster einen der neuen Rechner bekommen.

- Darf ich Sie heute als kleines Dankeschön zum Mittagessen einladen?

- Sie sind einer der wenigen Mitarbeiter, die immer pünktlich zur Arbeit kommen und nie früher gehen. Was halten Sie davon, morgen zwanzig Minuten früher Schluss zu machen?

Andere Formen materieller Verstärkung sind zum Beispiel Prämien- oder Bonuszahlungen, doch um von effektivem Nutzen zu sein, sollten sie häufig gewährt werden. So ist eine monatliche Verkaufsprämie wesentlich leistungssteigernder als eine Jahresprämie.

Wichtig: Eine kleine monatliche Prämie für null Fehlstunden wirken sich positiver auf die allgemeine Anwesenheit eines Mitarbeiters aus als eine einmalige Zahlung am Jahresende.

In manchen Unternehmen stehen den Managern bis zu 200 Mark pro Monat zur Verfügung, die als Leistungsprämien unter den Mitarbeitern aufgeteilt werden können!

Ich bin mir sicher, dass Ihnen noch weitere Punkte einfallen werden, mit denen Sie Ihre Anerkennung für die Mitarbeiter zum Ausdruck bringen können. Denken Sie dabei jedoch daran, dass ein freundliches Wort oder ein Kompliment für gute Arbeit die kostengünstigste und am wenigsten aufwändige Methode ist.

> **Erfolgs-Tipp:**
>
> - Arbeiten Ihre Mitarbeiter zu Hause oder im Außendienst, so dass Sie nicht genau wissen, wann sie welche Arbeiten erledigen, mag es schwieriger sein, zum richtigen Zeitpunkt eine gute Leistung loben zu können.
>
> - In diesem Fall bleibt Ihnen nichts anderes übrig, als bei diesen Mitarbeitern vorbeizuschauen, deren Arbeitsleistungen häufiger zu überprüfen und ausführlicher mit ihnen zu telefonieren.
>
> - Ist Ihnen dies nicht möglich, haben Sie keinerlei Einfluss auf die Leistung dieser Mitarbeiter. Sie sollten sie wie Selbstständige behandeln und die Bezahlung ausschließlich nach der erbrachten Leistung berechnen.

Mitarbeiter glauben, sie leisten gute Arbeit

8

1. Klassische Fehleinschätzung 82
2. Ohne Feedback keine Leistung 83
3. Getimed, spezifisch, effektiv 85
4. So kommen Sie dem Problem zuvor . 86

1. Klassische Fehleinschätzung

Ist es Ihnen auch schon passiert: Sie haben einen Ihrer Mitarbeiter auf seine mangelhafte Leistung hingewiesen und seine Reaktion war nur ungläubiges Staunen? Oder dass Sie ihn auf einen Fehler aufmerksam gemacht haben und er entgegnete: „Ich dachte, das sei so in Ordnung!"? Wenn ja, haben Sie es mit einem sehr verbreiteten Problem zu tun.

Mitarbeiter leisten schlechte Arbeit und denken dabei, ihre Arbeit sei gut. Es mag widersprüchlich klingen, doch im Grunde genommen handelt es sich hierbei um ein Feedback-Problem. Die Mitarbeiter wissen nicht, dass sie schlechte Arbeit leisten.

Wenn Sie Ihre Mitarbeiter fragen, woran diese eigentlich merken, dass sie gute Arbeit geleistet haben, erhalten Sie darauf Antworten wie folgende?

- Solange Sie nichts von mir wollen, weiß ich, dass ich alles richtig mache.

- Wir machen anscheinend alles richtig, denn es gab schon länger keine Vorträge mehr über Qualitätsverbesserungen.

- Ich muss gute Arbeit geleistet haben, denn Sie weisen mich normalerweise daraufhin, wenn sich zu viele Fehler in meine Arbeit eingeschlichen haben.

- Ich habe es im Gefühl, dass ich gute Arbeit leiste.

- Wenn Sie mir die Berichte nicht wieder zurückgeben, weiß ich, dass meine Arbeit in Ordnung war.

- Solange Sie mich in den Besprechungen nicht böse anfunkeln, weiß ich, dass Sie mit mir zufrieden sind.

- Wenn mir die Arbeit Spaß macht, erledige ich sie auch gut.

2. Ohne Feedback keine Leistung

Es liegt wohl auf der Hand, dass Mitarbeiter, die solche Antworten geben, kaum Feedback über ihre Arbeit erhalten. Treffen die oben genannten Antworten auch auf Ihr Team zu, ist die Leistung nicht so gut wie sie sein könnte.

In den meisten Managementbüchern wird ein Aspekt völlig unterschlagen: Feedback wirkt sich erheblich auf die Leistung des Einzelnen aus. Alle Psychologen sind sich darüber einig, dass Feedback eine der wichtigsten Voraussetzungen ist, damit bei einer beliebigen Handlung kontinuierlich gute Leistung erbracht werden kann. Feedback besteht aus einzelnen oder mehreren Signalen (die man sehen, hören, riechen oder fühlen kann). Sie geben Rückmeldung über die eigenen Handlungen. Ohne Feedback ist die Einschätzung der eigenen Handlungsweise sehr schwierig, und wenn Mitarbeiter ihre Arbeitsleistung als gut einschätzen, haben sie keine Veranlassung, ihr Verhalten zu ändern.

Manager wissen aus eigener Erfahrung, wie wichtig Feedback ist; sie selbst wollen stets genauestens darüber unterrichtet sein, wie es in ihrer Abteilung bezüglich Zielsetzung, Budget und Leistungskennzahlen aussieht und erstellen monatliche, wöchentliche oder sogar tägliche Leistungsprotokolle. Bedauerlicherweise geben Führungskräfte diese Informationen erst Wochen oder Monate später als Feedback an ihre Mitarbeiter weiter oder warten damit, bis ein Problem auftritt. Oft ist es dann bereits zu spät, etwas gegen den Leistungsabfall zu unternehmen.

Wichtig: Es hat keinerlei Auswirkung auf die Leistung eines Mitarbeiters, wenn Sie ihm Feedback für eine gute oder schlechte Arbeit geben, die er am Dienstag vor sechs Wochen erledigt hat. Ein derartiges Feedback mag zwar einen sehr konkreten Bezug haben, kommt jedoch viel zu spät.

Entscheidend: Das richtige Timing

Ist gute Arbeitsleistung der Mitarbeiter Ihr Ziel, spielt der Zeitpunkt Ihres Feedbacks eine überaus wichtige Rolle. Stellen Sie sich vor, Sie möchten mit dem Auto wegfahren. Sie greifen in Ihre Jackentasche, um den Autoschlüssel herauszuholen, doch da ist er nicht. Sie spähen durch das Fenster und stellen fest, dass der Schlüssel im Zündschloss steckt. Das Feedback darüber, wo sich Ihr Autoschlüssel befindet, ist zwar sehr spezifisch, kommt aber zu spät. Hätten Sie dieses Feedback erhalten, bevor Sie die Wagentür zuschlugen, wäre es wohl besser gewesen, oder?

Zum Glück bieten moderne Autos dieses Feedback in Form eines Warnsignals, das ertönt, wenn die Tür geöffnet wird und der Zündschlüssel noch steckt, obwohl der Motor bereits ausgeschaltet ist. Dieses Feedback kommt zum richtigen Zeitpunkt, auch wenn es nicht sonderlich spezifisch ist. Das Warnsignal weist lediglich darauf hin, dass etwas nicht in Ordnung ist, gibt aber keine weiteren Informationen darüber, ob der Zündschlüssel noch steckt, das Abblendlicht noch eingeschaltet oder die Handbremse nicht festgezogen ist.

Wichtig: Feedback über einen bereits begangenen Fehler ist weniger hilfreich als Feedback über die Gefahr eines möglichen Fehlers. Im ersten Fall ist der Fehler ja schon passiert, während man ihn im zweiten Fall noch vermeiden kann.

Wenn Sie einem Mitarbeiter sagen, dass sein Bericht auf Grund der vielen Fehler leider völlig unbrauchbar ist, kommt diese Rückmeldung zu spät. Wenn Sie stattdessen die Arbeit des Mitarbeiters mitverfolgen und regelmäßig überprüfen, bevor er den Bericht abgibt, können Sie ihm ein Feedback geben, anhand dessen er seine Arbeitsweise so verbessern kann, dass der Bericht Ihren Erwartungen entspricht.

Achtung: Leider kommt das Feedback von Führungskräften häufig zu spät oder ist sehr negativ!

Beispiele:

- „Damit kann ich nichts anfangen."
- „Diese Arbeit entspricht nicht unserem professionellen Standard."
- „Ihr Bericht enthält viel zu viele Zahlen."
- „Ihr Bericht enthält viel zu wenig Zahlen."
- „Ihre Leistungen lassen merklich nach."

3. Getimed, spezifisch, effektiv

Unspezifisches Feedback, ob nun positiv oder negativ, ist ebenfalls ein weit verbreitetes Übel. Aussagen wie „Ich hätte etwas mehr von Ihnen erwartet!" oder „Sie wissen anscheinend immer noch nicht, worum es eigentlich geht, oder?" sind viel zu allgemein gehalten, um eine Leistungssteigerung zu bewirken. Auch Bemerkungen wie „Ihre Leistungen sind erstklassig." oder „Sie wissen, worauf es ankommt." vermitteln keine nützlichen Informationen. Das Feedback ist zwar positiv, bezieht sich jedoch nicht auf eine konkrete Handlung. Im Übrigen kann auch ein noch so gut gemeintes Feedback zu Problemen führen, wenn es nicht richtig vermittelt wird.

Psychologischen Studien zufolge können Menschen mit einem übermäßig ausgeprägten Selbstbewusstsein sehr aggressiv auf Kritik reagieren und zu Gewaltausbrüchen neigen. Allein aus diesem Grund sollte sich Ihr Feedback immer auf das Verhalten und nicht auf die Person selbst beziehen.

In vielen Unternehmen herrscht die Meinung, die jährliche Leistungsbewertung der Angestellten würde durchaus ausreichen, um das Leistungsniveau zu heben. Es steht wohl außer Frage, dass dem nicht so ist. Eine einzige Beurteilung pro Jahr ist viel zu allgemein, kommt viel zu spät und zu selten, um Mitarbeiter zu besseren Leistungen anzuhalten.

Tatsache ist, dass es für Sie als Manager sehr schwierig ist, mit einer beliebigen, nur einmal im Jahr ergriffenen Maßnahme nachhaltig auf die Arbeitsleistung Ihrer Mitarbeiter einzuwirken. Jeder eventuell erzielte Effekt wirkt immer nur vorübergehend.

4. So kommen Sie dem Problem zuvor

Ein gutes Beispiel für sinnvolles Feedback ist die Information über Unternehmenserfolge. Das Management veröffentlicht dabei die Fortschritte bezüglich der Zielsetzungen, aufgeschlüsselt nach Terminen, Abteilungen und Bereichen. Diese Informationen werden am schwarzen Brett und in Newslettern vermittelt, dem Gehaltsscheck beigelegt oder auf Tafeln geschrieben, die in den Büros, am Eingang oder der Kantine aufgestellt werden.

Wichtig: Auch Sie sollten diese Art von Feedback in Ihrem Unternehmen einführen, damit Ihre Mitarbeiter immer wissen, wie es um den Erfolg des Unternehmens bestellt ist.

Werden Sie aktiv!

- Feedback kann positiv, negativ, neutral, allgemein oder spezifisch ausfallen. Nachfolgend finden Sie einige Beispiele, wie Feedback konkret aussehen kann:

    Situation: Frank Vorlaut, einer Ihrer neuen Abteilungsleiter, hat die Angewohnheit, in Besprechungen anderen Teilnehmern ins Wort zu fallen.

    Allgemeines, negatives Feedback: „Herr Vorlaut, Ihnen fehlt es an Fingerspitzengefühl. Sie treten den anderen ständig auf die Füße und merken es noch nicht einmal."

noch: Werden Sie aktiv!

Spezifisches, neutrales Feedback: „Herr Vorlaut, bei unseren letzten Besprechungen sind Sie einigen Teilnehmern ständig ins Wort gefallen. Im letzten Monat haben sich vier Mitarbeiter darüber beschwert."

Situation: Bei der nächsten Besprechung unterbricht Frank Vorlaut niemanden.

Allgemeines, positives Feedback: „Herr Vorlaut, ich sehe, Sie haben dazu gelernt. Schön, machen Sie weiter so."

Spezifisches, positives Feedback: „Herr Vorlaut, in der heutigen Besprechung haben Sie niemanden unterbrochen, so dass die Besprechung völlig planmäßig abgehalten werden konnte. Vielen Dank."

Situation: Sie spielen mit einem Freund Golf, der bei drei von fünf Abschlägen dem Ball hinterher schaut.

Allgemeines, negatives Feedback: „Du schaust beim Abschlag immer noch dem Ball nach wie ein blutiger Anfänger. Mach dir keine Sorgen darüber, dass du deinen Ball aus den Augen verlierst! So weit kannst du sowieso noch nicht schlagen!"

Spezifisches, neutrales Feedback: „Ist dir eigentlich schon aufgefallen, dass du bei drei von fünf Abschlägen den Kopf zu früh drehst?"

Spezifisches, positives Feedback: „Seit ich dir gesagt habe, darauf zu achten, den Kopf beim Abschlag korrekt zu bewegen, hast du dich um achtzig Prozent verbessert. Wenn du dich auf diese Bewegung konzentrierst wie damals auf dein Griffproblem, wirst du deine Ballkontrolle sehr verbessern."

noch: Werden Sie aktiv!

Situation: Ihr Mitarbeiter, Herr Eilig, lässt eine Maschine viel zu schnell laufen. Die Folgen sind übermäßige Vibrationen und erhöhter Verschleiß.

Allgemeines, negatives Feedback: „Herr Eilig, Sie ruinieren unsere Maschinen!"

Spezifisches, neutrales Feedback: „Herr Eilig, achten Sie darauf, dass Sie die vorgeschriebene Drehzahl für die Maschine einhalten, sonst treten übermäßige Vibrationen und Verschleißerscheinungen auf."

Situation: Eine Stunde später stellen Sie fest, dass Herr Eilig die Maschine zwar etwas langsamer als zuvor, aber immer noch viel zu schnell laufen lässt.

Allgemeines, negatives Feedback: „Herr Eilig, Sie ruinieren unsere Maschinen immer noch!"

Spezifisches, neutrales Feedback: „Herr Eilig, wie ich sehe, läuft die Maschine jetzt langsamer und die Vibrationen sind nicht mehr ganz so stark. Wenn Sie die Drehzahl noch etwas reduzieren, läuft die Maschine absolut ruhig. Vielen Dank dafür."

- Wird für bislang nicht oder wenig kommentierte Arbeiten die Erteilung von Feedback eingeführt, steigert dies die Produktivität ungemein, ohne dass weitere Maßnahmen erforderlich sind. Mehrmaliges Feedback während eines Arbeitstages verbessert die allgemeine Leistung am jeweiligen Tag. Feedback am Ende des Arbeitstages sagt zwar etwas über die Tagesleistung aus, beeinflusst sie logischerweise aber nicht.

- Als Vorgesetzter ist es Ihre Aufgabe, Ihren Mitarbeitern täglich mehrmals positives und spezifisches Feedback zu geben.

noch: Werden Sie aktiv!

- Ist es in Ihrem Unternehmen üblich, die Leistungen der Mitarbeiter qualitativ und quantitativ stündlich oder täglich zu erfassen, sollten Sie den Angestellten das Ergebnis dieser Leistungsbewertung auch möglichst einfach vermitteln. Stellen Sie eine Tafel oder eine elektronische Anzeige am jeweiligen Arbeitsplatz auf, so dass die Produktionszahlen oder andere Leistungskennzahlen in gut lesbarer Schrift mehrmals täglich angezeigt werden und die Mitarbeiter auf den ersten Blick wissen, ob sie ihr Soll erfüllen.

- Protokollieren Sie Erfolge anstelle von Misserfolgen, zum Beispiel eine Erfolgsquote von neunzig Prozent anstatt einer Fehlerquote von zehn Prozent. Viele Manager berichteten, dass sich alleine dadurch eine Leistungssteigerung einstellt.

- Bitten Sie Ihre Mitarbeiter darum, die eigene Leistung zu beurteilen und somit sich selbst Feedback zu geben. Entwerfen Sie ein entsprechendes Formular oder Punktesystem als Hilfsmittel.

- Müssen Sie einem Mitarbeiter negatives Feedback geben, sollten Sie diese Kritik neutral und spezifisch formulieren. Sprechen Sie seine Leistung an, aber kritisieren Sie unter keinen Umständen ihn als Person.

Mitarbeiter werden dafür belohnt, etwas nicht zu tun

9

1. Der Manager: Ein gnädiger Hobby-Psychologe 92
2. Mit schlechter Leistung nach oben . 92
3. So kommen Sie dem Problem zuvor . 94

1. Der Manager: Ein gnädiger Hobby-Psychologe

Welcher Manager, der seine fünf Sinne noch beisammen hat, würde einen Mitarbeiter für schlechte Leistungen belohnen? Nun, die meisten Manager tun es täglich, wenn auch unbewusst.

- Mitarbeiter, die schwierige Arbeiten schlecht erledigen, bekommen nur noch leichte Aufgaben zugewiesen.
- Mitarbeiter, die sich ungern einordnen, erhalten Aufgaben, bei denen sie viele Freiheiten genießen.
- Mitarbeiter, die sich regelmäßig bei ihrem Vorgesetzten über bestimmte Aufgaben beschweren, müssen diese Aufgaben seltener erledigen.
- Mitarbeiter, die schlechte Arbeit leisten, erhalten viel Aufmerksamkeit von ihrem Vorgesetzten, der gerne die Rolle eines Hobby-Psychologen übernimmt und sie zum Mittagessen oder eine Tasse Kaffee einlädt.
- Die Fehler eines Mitarbeiters werden grundsätzlich vom Vorgesetzten korrigiert.

2. Mit schlechter Leistung nach oben

Welcher Mitarbeiter wird wohl auf Kosten des Unternehmens für Repräsentationsaufgaben außerhalb der Firma ausgewählt – der „gute" oder der „schlechte" Angestellte? Wahrscheinlich der schlechte, denn nur auf diesen kann das Unternehmen getrost auch längere Zeit verzichten.

Wird ein Abteilungsleiter um eine Empfehlung gebeten, welcher seiner Angestellten befördert werden soll, wird auch er sich häufig für eine weniger gute Kraft entscheiden, da er diese als entbehrlich für seine eigene Abteilung einstuft.

Ich kenne ein Unternehmen, in dem es gang und gäbe ist, schwierigen Betriebsräten einen Aufsichtsposten zu verschaffen, um sie somit auf die Seite des Unternehmens zu ziehen. In dieser Firma reicht es also aus, Betriebsrat zu sein, ständig gegen die Unternehmenspolitik Stimmung zu machen, und schon wird man mit einem sicheren und bequemen Posten belohnt.

Einige Manager erzählten mir, dass zum Teil auch zwischenmenschliche Konflikte dazu beitragen, dass Angestellte nicht das tun, was von ihnen erwartet wird.

Im Klartext: Sie können ihren Vorgesetzten nicht ausstehen. Auf meine Frage „Was hat ein Mitarbeiter, der seinen Boss nicht leiden kann, davon, seine Aufgaben nicht ordentlich zu erledigen?" erhalte ich regelmäßig die Antwort: „Er kann ihm damit schaden." In manchen Abteilungen besteht der einzige Lichtblick eines Arbeitstages nur darin, den Vorgesetzten bis aufs Blut zu provozieren. Wenn das einzig Lohnenswerte am Arbeitsplatz für die Mitarbeiter ist, ihrem Vorgesetzen zu schaden, wird der Arbeitstag für ihn zu einer einzigen Qual.

Wie bereits in einem früheren Kapitel erwähnt, wird positiv verstärktes Verhalten wiederholt. Dabei spielt es keine Rolle, ob es sich um erwünschtes oder unerwünschtes Verhalten handelt. Das bedeutet zum Beispiel, dass ein Mitarbeiter sich immer häufiger bei Ihnen über unzumutbare Arbeiten beschweren wird, wenn Sie auf seine Klagen jedes Mal eingehen und ihm Ihre Aufmerksamkeit schenken. Ihre Absichten sind dabei völlig irrelevant, denn die lohnende Konsequenz, die positive Verstärkung für Ihren Mitarbeiter, besteht aus Ihrer Aufmerksamkeit.

Achtung: Denken Sie einmal darüber nach, ob auch Sie durch Ihre Managementmaßnahmen vielleicht unbewusst schlechte Leistungen Ihrer Mitarbeiter verstärken.

3. So kommen Sie dem Problem zuvor

Als Erstes sollten Sie überlegen, mit welchen Konsequenzen Ihre Mitarbeiter zu rechnen haben, wenn sie Fehler machen oder Probleme verursachen. Könnte es sein, dass Ihre Mitarbeiter diese Konsequenzen als Belohnung betrachten?

> **Werden Sie aktiv!**
>
> - Belohnen Sie keinen Mitarbeiter für schlechte Arbeitsleistung. Spenden Sie keinen Trost, indem Sie zum Beispiel eine Tasse Kaffee oder ein Mittagessen spendieren. Versuchen Sie sich nicht als Hobby-Psychologe, sondern bleiben Sie im Gespräch strikt beim Thema Arbeitsleistung.
>
> - Macht ein Mitarbeiter einen Fehler, bitten Sie ihn um Korrektur. Helfen Sie ihm gegebenenfalls dabei, aber übernehmen Sie nicht die Hauptarbeit.
>
> - Belohnen Sie Ihre Mitarbeiter, wenn sie genau das Gegenteil von dem tun, was Sie nicht wollen. Andersherum ausgedrückt, schenken Sie ihnen Aufmerksamkeit, wenn sie das tun, was Sie von ihnen erwarten.
>
>   **Achtung:** Loben Sie zum Beispiel einen Mitarbeiter, wenn er statt der üblichen zwanzig nur zehn Minuten zu spät kommt, mit folgenden Worten: „Wie ich sehe, gelingt es Ihnen mittlerweile, nur noch zehn Minuten zu spät zu kommen. Wenn Sie so weiter machen, werden Sie bald pünktlich zur Arbeit erscheinen."
>
> - Scheitert ein Mitarbeiter an einer schwierigen Aufgabe, sollten Sie allen potenziellen Ursachen dafür auf den Grund gehen und diese ausräumen.

noch: Werden Sie aktiv!

- Weisen Sie diesem Mitarbeiter weiterhin schwierige Aufgaben zu, bis sich seine Leistung verbessert. Erst wenn trotz Ihrer Gegenmaßnahmen keine Veränderung zum Guten eintritt, versetzen Sie ihn an eine andere Stelle, für die der betreffende Mitarbeiter besser qualifiziert ist.

- Schwierige Mitarbeiter, die sich nicht führen lassen, sollten Sie ganz besonders im Auge behalten und/oder zum Beispiel mit einer Abmahnung für mangelhafte Leistungen bestrafen. Tritt daraufhin eine Leistungssteigerung ein, sollten Sie diese jedoch auch sofort lobend anerkennen.

- Beschwert sich ein Mitarbeiter wiederholt über bestimmte Aufgaben, obwohl sie gerecht verteilt werden und einfach erledigt werden müssen, sollten Sie diese Klagen ignorieren. Fällt die Arbeit zu Ihrer Zufriedenheit aus, sparen Sie nicht mit lobenden Worten.

- Führen Sie mit einem Mitarbeiter ein Gespräch über seine mangelhaften Leistungen, sollten Sie sich auf die in diesem Buch genannten Gründe für schlechte Arbeitsleistung beschränken. Am besten führen Sie das Gespräch in Ihrem Büro unter vier Augen und nicht bei einer Tasse Kaffee oder einem Essen.

  Wichtig: Sobald sich die Leistung des Mitarbeiters verbessert, sollten Sie das zu würdigen wissen. Dann können Sie Ihrem Gespräch auch eine persönlichere Note geben oder den Angestellten auf eine Tasse Kaffee einladen.

- Sind Sie zu dem Schluss gekommen, dass es Ihren Mitarbeitern Spaß macht, Sie zu provozieren oder zu verletzen, gehen Sie bitte wie folgt vor:

  – Zeigen Sie keinesfalls, wie sehr es Sie verletzt – Zorn und Wutanfälle würden Ihre Mitarbeiter nur darin bestä-

noch: Werden Sie aktiv!

tigen, dass sie mit ihrer provokanten Strategie Erfolg haben.

– Konzentrieren Sie sich darauf, Ihre Mitarbeiter zu loben, wenn sie etwas richtig gemacht haben.

– Versuchen Sie, ein freundschaftliches Verhältnis zu diesen Mitarbeitern zu entwickeln, reden Sie über persönliche Dinge – zeigen Sie persönliches Interesse, lächeln Sie sie an und versuchen Sie herauszufinden, warum sie Ihnen schaden möchten. Es ist völlig in Ordnung zu sagen, Sie hätten das Gefühl, man könne Sie nicht leiden und Sie wüssten gerne den Grund dafür.

Mitarbeiter werden dafür bestraft, das zu tun, was erwartet wird

10

1. Tod dem Informanten! 98
2. Wer mogelt, kommt weiter 99
3. Achtung, Leistungsbremser! 101
4. So kommen Sie dem Problem zuvor 103

1. Tod dem Informanten!

Hat einer Ihrer Mitarbeiter Sie auch schon einmal an einem hektischen und anstrengendem Tag auf ein Problem angesprochen oder um Ihre Hilfe gebeten und Ihre Antwort war nur:

- „Was haben Sie denn jetzt schon wieder verbockt?"
- „Schaffen Sie das nicht einmal alleine?"
- „Muss ich denn wirklich alles selbst machen?"

Wie war das doch gleich: der Überbringer einer schlechten Nachricht wird erschossen?

Studien der Verhaltensforschung belegen, dass Menschen dazu neigen, Verhalten, auf das eine Bestrafung folgt, möglichst zu vermeiden. Im obigen Beispiel wurde der Mitarbeiter, der sich im Interesse der Firma an seinen Vorgesetzten wandte, für sein Verhalten bestraft. Das kommt öfter vor:

- Der Mitarbeiter, der schwierige Arbeiten gut erledigt, darf nichts anderes mehr erledigen.

- Der Mitarbeiter, der auf Besprechungen Verbesserungsvorschläge macht, muss diese im Alleingang zusätzlich zu seiner normalen Arbeit in die Realität umsetzen.

- Der Mitarbeiter, der versucht, innovativ zu sein, wird von seinem Vorgesetzten angebrüllt: „Können Sie nicht einmal das tun, was ich Ihnen sage?"

- Der Mitarbeiter, der eine bestimmte Aufgabe zum ersten Mal bearbeitet und Fehler macht, wird für sein Versagen rigoros bestraft.

- Der fleißige Mitarbeiter, der als Erster kommt und als Letzter geht, wird von seinen Kollegen abfällig als „Streber" bezeichnet.

- Der Mitarbeiter, der seinen Arbeitsplatz sauber macht, wird von seinem Vorgesetzten verspottet: „Na, tun Sie auch endlich mal etwas, was Ihrer Qualifikation entspricht?"

- Der Außendienstmitarbeiter, der seinen Vorgesetzten regelmäßig und wie vereinbart auf dem Laufenden hält, wird von ihm als Sündenbock benutzt und grundlos angeschrien.

2. Wer mogelt, kommt weiter

Es ist zu beachten, dass Bestrafungen nicht nur vom Vorgesetzten ausgehen. Es gibt Tätigkeiten, in denen Niederlagen, die als Bestrafung empfunden werden, vorprogrammiert sind, wie zum Beispiel gescheiterte Experimente. Auch von Seiten der Kollegen können Bestrafungen ausgehen. Überdenken Sie auch, dass in einigen der genannten Beispiele die Bestrafung nicht erfolgt wäre, wenn der Mitarbeiter ein anderes Verhalten an den Tag gelegt hätte.

Der Mitarbeiter, der seinen Vorgesetzten nicht, wie eigentlich erforderlich, telefonisch auf dem Laufenden hält, wird auch nicht angebrüllt. Der Mitarbeiter, der verspottet wird, weil er bestimmte Probleme beim Namen nennt, kann die Blamage vermeiden, indem er in Zukunft keine Missstände mehr anspricht.

Was an diesen Beispielen ins Auge sticht, ist die Tatsache, dass Mitarbeiter einer Bestrafung entgehen können, wenn sie nicht tun, was von ihnen erwartet wird. Ja, Sie liegen richtig, wenn Sie nun den Rückschluss ziehen, dass Sie Ihre Mitarbeiter aktiv davon abbringen, ihren Job ordnungsgemäß zu erfüllen, wenn Sie sie in Situationen wie diesen bestrafen.

Beispiel: Lohnfortzahlung im Krankheitsfall

Doch das Problem ist im Grunde viel schlimmer als es sich auf den ersten Blick darstellt. Am besten zeigt es sich durch die in Amerika übliche Politik der Lohnfortzahlung im Krankheitsfall. Eine kürzlich durchgeführte Studie darüber, wie amerikanische Unternehmen mit dem hohen Kostenfaktor der Lohnfortzahlung umgehen, hat gezeigt, dass fast die Hälfte der achtzig befragten Unternehmen es nicht zulässt, dass Mitarbeiter ihre nicht in Anspruch genommenen „Krankheitstage" sammeln können. Sind beispielsweise sechs Krankheitstage pro Jahr und Mitarbeiter zulässig, gehen diese Tage dem Mitarbeiter verloren, wenn er nicht krank war. Sparen wir uns die unnötigen moralischen Ausschweifungen darüber, was ein Krankheitstag wirklich bedeuten soll, und weshalb er den Mitarbeitern ausschließlich im Krankheitsfall zusteht. Aus Sicht des Mitarbeiters stellt sich diese Regelung ganz einfach so dar: „Die Firma zahlt mir sechs Krankheitstage. Bin ich nicht krank, geht mir dieser Sonderurlaub verloren."

Beispiel:

Der Vertriebsleiter eines namhaften Unternehmens beklagte sich einmal bei mir darüber, dass kaum einer seiner 700 Vertriebsmitarbeiter Umsatzsteigerungen in zwei aufeinander folgenden Jahren verbuchen könnte, und dass in den meisten Fällen nur dann ein sehr guter Umsatz erwirtschaftet wurde, wenn das Jahr zuvor recht mies war.

Nach einer kurzen Analyse des Problems wies ich ihn darauf hin, dass die Prämienzahlungen des Unternehmens auf der Grundlage der Umsatzsteigerung im Vergleich zum Vorjahr erfolgten. Da es sehr schwierig für die Vertriebsmitarbeiter war, Jahr für Jahr eine deutliche Umsatzsteigerung zu erzielen, wurde es zur gängigen Praxis, ein schlechtes Jahr einzuplanen, dem ein gutes folgen konnte.

Die Einstellung „Dieses Jahr schiebe ich eine ruhige Kugel" war in dieser Firma weit verbreitet. Auch dies ist ein weiteres Beispiel dafür, dass viele Managementsysteme nicht berücksichtigen, was menschliches Verhalten beeinflusst.

3. Achtung, Leistungsbremser!

Manchmal geben Manager als Grund dafür, warum Mitarbeiter nicht das tun, was von ihnen erwartet wird, an, dass sie sich ihrer Meinung nach für bestimmte Aufgaben überqualifiziert fühlen.

Wenn ich nachfrage, was sie konkret damit meinen, erhalte ich in der Regel folgende Antwort: „Meine Mitarbeiter sind davon überzeugt, sie könnten wichtigere, schwierigere oder anspruchsvollere Aufgaben erledigen und glauben, ihr jetziges Aufgabengebiet sei unterhalb ihres Niveaus."

„Das macht doch keinen Sinn," lautet meine Antwort üblicherweise. „Eine gute Ausbildung und eine hohe Intelligenz hindern doch niemanden daran, etwas zu tun, was weniger Geschick und Können erfordert. Auch ein Konstrukteur aus der Automobilbranche wechselt doch bei einer Panne seinen Reifen selbst."

„Mag sein," entgegnen sie mir dann, „doch das Problem ist, dass ein Konstrukteur, dessen Job es ist, den ganzen Tag Reifen zu wechseln, dies als zu anspruchslos oder sogar als peinlich und persönliche Rückstufung empfindet."

„Damit kommen Sie der Sache schon näher," antworte ich dann. „Wenn Sie Ihren Mitarbeitern Aufgaben zuweisen, die sie als anspruchslos, peinlich und entwürdigend empfinden, sorgen Sie in deren Augen für eine negative Verstärkung der Tätigkeit."

Radfahrer und Nestbeschmutzer

Die Tatsache, dass diese negative Verstärkung nur subjektiv von den Mitarbeitern empfunden wird, ändert nichts an ihrer Wirkungskraft. Noch schlimmer wird die Situation, wenn spöttische oder sarkastische Bemerkungen der Kollegen fallen.

In manchen Unternehmen trauen sich Produktions- und Lagermitarbeiter nicht einmal, sich bei Problemen an das Personalbüro zu wenden, da sie sich im Blaumann im schnieken Personalbüro völlig fehl am Platz fühlen.

Mir ist zum Beispiel bekannt, dass die Angestellten einer Versicherungsgesellschaft es nicht wagen, ihren Vorgesetzten auf Probleme hinzuweisen oder ihm Verbesserungsvorschläge zu unterbreiten, da der Gang zum Chef einem Spießrutenlauf ähnelt. Jeder, der das Büro des Vorgesetzten öfter als alle zwei Wochen aufsucht, muss auf dem Weg dorthin hämische Kommentare seiner Kollegen über sich ergehen lassen.

Achtung: In vielen Unternehmen versuchen Mitarbeiter, die Teilnahme an Mitarbeiterbesprechungen zu vermeiden, weil sie nach diesen Besprechungen schon zu oft von Kollegen auf teilweise sehr unfreundliche Weise darauf angesprochen wurden, dass sie gegen die informellen Regeln der „Teamarbeit" verstoßen hätten, daran denken müssten, dass „eine Hand die andere wäscht" und man „das Team in einer Besprechung nicht schlecht machen dürfe."

Wenn Meetings zur Tortur werden

In manchen Unternehmen ist es üblich, dass die Nachwuchsmanager zur Entwicklung ihrer Führungsqualitäten bei den monatlichen Top-Management-Meetings einen Vortrag halten. Obwohl diese Praktik ja eigentlich sehr nützlich für die jungen Manager ist und eine Gelegenheit für sie darstellt, sich beruflich zu etablieren, tun sie alles, um sich davor zu drücken.

Wenn man sich einmal ansieht, wie so ein Meeting abläuft, wird auch klar, warum. Anscheinend sind diese Vorträge nämlich der einzige Punkt auf der Tagesordnung, der den obersten Führungskräften so richtig Spaß macht. Sie übertrumpfen sich gegenseitig, den Redner grundlos zu schikanieren, zu verwirren und kleinzukriegen und amüsieren sich anschließend beim Mittagessen königlich darüber, welche verletzenden Gemeinheiten ihnen eingefallen sind.

Achtung: Manager, deren aufbrausendes Temperament leider oft mit ihnen durchgeht, behaupten gerne: „Wenn ich meine Mitarbeiter anbrülle, ist das doch nicht böse gemeint. Das ist eben meine Art." Das Traurige daran ist, dass es dem Mitarbeiter völlig egal ist, wie eine lautstarke Strafpredigt gemeint ist. Für ihn zählt die Tatsache, dass er die Strafpredigt zu hören bekommt, und dies beeinflusst seine weitere Arbeitsleistung negativ.

4. So kommen Sie dem Problem zuvor

Damit Ihre Mitarbeiter in Zukunft nicht mehr aus Angst vor Bestrafung nicht tun, was Sie von ihnen erwarten, stehen Ihnen zwei Möglichkeiten zur Verfügung: Entweder unterlassen Sie ganz einfach die Bestrafung oder Sie entwickeln als Ausgleich dazu ein entsprechendes Belohnungssystem.

Werden Sie aktiv!

- Entscheiden Sie sich für die erste Alternative, sollten Sie Ihre Verhaltensweisen, die als Bestrafung empfunden werden, wie folgt ändern:
  - Legt Ihnen Ihr Mitarbeiter Berichte vor, sollten Sie in Ihrer Bewertung nicht nur auf die darin enthaltenen Fehler hinweisen, sondern auch die Punkte erwähnen, die der Mitarbeiter gut gemacht hat.

noch: Werden Sie aktiv!

- Wenn ein Mitarbeiter Sie spontan wegen eines bestimmten Themas anspricht, sollten Sie diese Gelegenheit keinesfalls dazu nutzen, um ihm etwas vorzuhalten, was nichts mit dem aktuellen Thema zu tun hat. Sparen Sie sich das für einen späteren Zeitpunkt auf.

- Erstellen Sie für sich selbst ein Protokoll über die gesamte Kommunikation zwischen Ihnen und Ihren Mitarbeitern und beurteilen Sie die einzelnen Gespräche als positiv oder negativ für den jeweiligen Mitarbeiter. Sorgen Sie dafür, dass mindestens die Hälfte Ihrer Kontakte als positiv oder wenigstens neutral eingestuft werden kann.

- Kommen Ihre Mitarbeiter mit einem Problem zu Ihnen oder bitten Sie um Hilfe, sollten Sie sich zunächst dafür bedanken und klarmachen, dass dies enorm zur Verbesserung des Arbeitsklimas beiträgt und dem gesamten Team nützt. Dann geben Sie die erforderliche Hilfestellung.

- Sarkasmus hat am Arbeitsplatz nichts verloren. Wird ein Mitarbeiter auf Grund seiner regen Teilnahme an einer Besprechung zum Gespött der Abteilung, ist es Ihre Aufgabe als Manager, dagegen einzuschreiten.

- Versuchen Sie einmal, Ihre Unternehmenspolitik aus der Sicht Ihrer Mitarbeiter zu betrachten. Ändern Sie die Unternehmensrichtlinien, die Mitarbeiter bestrafen, wenn sie tun, was Sie von ihnen erwarten. In Amerika könnten Sie sich zum Beispiel dafür stark machen, dass den Mitarbeitern nicht in Anspruch genommene Krankheitstage gutgeschrieben werden, für Deutschland käme eine Sonderprämie für Mitarbeiter in Frage, die in einem bestimmten Zeitraum nicht krank waren.

noch: Werden Sie aktiv!

- Arbeiten Sie ein Belohnungssystem für die Tätigkeiten aus, die für sich genommen schon wie eine Bestrafung empfunden werden können. Hier verschiedene Möglichkeiten:

  - Muss eine unangenehme Aufgabe erledigt werden, sollten Sie die negativen Folgen dieser Arbeit durch eine positive Verstärkung ausgleichen, zum Beispiel durch ein Extra an Lob oder die Erlaubnis, einmal früher nach Hause gehen zu dürfen.

  - Haben Ihre Mitarbeiter eine schwierige Aufgabe zu Ihrer vollen Zufriedenheit erledigt, sollten Sie ihnen vor der nächsten schwierigen Aufgabe als Belohnung eine einfachere Arbeit übertragen. Anders ausgedrückt heißt dies: Sorgen Sie für etwas Abwechslung in der Arbeitsabfolge. Nach einer unangenehmen Arbeit folgt eine angenehme und darauf wieder eine unangenehme, und so weiter.

  - Werden Ihre Mitarbeiter dafür, dass sie tun, was Sie von ihnen erwarten, zum Gespött ihrer Kollegen, müssen Sie einen Ausgleich schaffen. Beobachten Sie zum Beispiel, dass ein Mitarbeiter, der seinen Schreibtisch säubert und den überquellenden Papierkorb ausleert, von seinen Kollegen verächtlich als „Putze" bezeichnet wird, loben Sie ihn unter vier Augen für seinen Einsatz.

  - Müssen Sie Ihren Mitarbeitern Aufgaben zuweisen, für die sie überqualifiziert sind, sollten Sie erklären, warum die Arbeit erledigt werden muss, wie wichtig sie ist und warum gerade sie die Arbeit übernehmen sollen. Belohnen Sie die Mitarbeiter mit den zuvor genannten Vorteilen!

Mitarbeiter fürchten sich vor negativen Konsequenzen

11

1. Angst vor der Möglichkeit 108
2. Schreckgespenst Konjunktiv: Es könnte ja schiefgehen 108
3. Die Furcht des Tormanns vorm Elfmeter 110
4. So kommen Sie dem Problem zuvor 111

1. Angst vor der Möglichkeit

Die Befürchtung, eine Handlung würde negative Konsequenzen nach sich ziehen, unterscheidet sich deutlich von dem im letzten Kapitel genannten Grund, warum Mitarbeiter nicht tun, was sie tun sollten. Bei jenem Problem musste mit negativen Folgen rechnen, wer die Erwartungen seines Vorgesetzten erfüllte. Jetzt befassen wir uns damit, dass Angestellte etwas nicht tun, weil sie negative Folgen befürchten, obwohl diese Befürchtung ungerechtfertigt ist.

Anfänglich umschreiben Führungskräfte diese Art der „Arbeitsverweigerung" gerne mit Aussagen wie „Meine Mitarbeiter denken, sie können diese Arbeit nicht erledigen", „Sie haben kein Vertrauen in ihre Fähigkeiten" oder „Sie haben Angst davor". Häufig bedarf es einiger Erklärungen, bis diesen Führungskräften klar wird, dass sich all diese Aussagen auf die Ängste der Mitarbeiter vor unangenehmen oder ungewünschten Folgen beziehen. Anders ausgedrückt: Angst ist nichts anderes als die Vorwegnahme einer negativen Konsequenz. Es kommt immer wieder vor, dass Mitarbeiter eine bestimmte Arbeit nicht erledigen, weil sie Schlimmes befürchten, wenn sie es denn tun.

2. Schreckgespenst Konjunktiv: Es könnte ja schiefgehen

Ein interessanter Aspekt dieses Problems ist, dass die befürchtete Konsequenz nicht wie ein Damoklesschwert über dem Mitarbeiter schweben muss, sondern dass die Angst allein ausreicht, um bestimmte Handlungen zu unterlassen. Für den Mitarbeiter ist die Angst konkret vorhanden, unabhängig davon, ob sie berechtigt ist oder nicht. Interessant daran ist auch, dass Angst nicht unbedingt ein lähmendes Gefühl sein muss. Denken Sie doch einmal daran, was Sie selbst trotz Angst schon alles getan haben.

Nachfolgend finden Sie häufige Aussagen von Mitarbeitern aller betrieblichen Ebenen, in denen sie eine negative Konsequenz vorwegnehmen.

- Ich habe mich nicht getraut, Ihnen im Seminar eine Frage zu stellen, weil ich Angst hatte, mich zu blamieren.

- Ich hatte Angst, Ihnen zu sagen, dass ich nicht weiß, wie ich diese Aufgabe erledigen soll, weil Sie mich dann womöglich für dumm halten.

- Ich habe meine Idee bei der Besprechung nur deshalb zurückgehalten, weil ich nicht wollte, dass mich die Kollegen für einen Angeber halten.

- Ich habe ihm nicht gesagt, dass es besser sei, den Bericht nur einen anstatt fünf Tage zu spät abzugeben, weil er dann denken könnte, dass ein Tag Verspätung für mich immer in Ordnung ist.

- Ich habe mich nicht getraut, meinem Chef zu sagen, dass er nicht das Recht hat, mich so anzuschreien und zu beleidigen, weil ich Angst hatte, meinen Job zu verlieren.

- Ich hatte Angst, mit meiner Meinung alleine da zu stehen, da die anderen dann denken könnten, ich passe nicht ins Team.

- Ich habe mich nicht getraut zu sagen, dass meine Idee vermutlich die bessere ist, denn wenn mein Plan doch scheitert, stecke ich in ernsten Schwierigkeiten.

- Ich wollte mich nicht über meinen Chef und seine unfaire Leistungsbewertung beschweren, weil ich befürchtete, das könnte meiner Karriere schaden.

Möglicherweise trauen sich Ihre Mitarbeiter nicht, Ihnen ihre Bedenken offen und ehrlich mitzuteilen. Mitarbeiter, die Angst vor Ihnen als Vorgesetzten haben, werden freiwillig niemals ein Gespräch mit Ihnen suchen; und wenn doch, besteht die Gefahr, dass sie weder mit der Wahrheit herausrücken, noch ihre Verbesserungsvorschläge schildern oder Sie gar um Hilfe bitten.

3. Die Furcht des Tormanns vorm Elfmeter

Angst entsteht meistens in ungewohnten Situationen oder wenn neuartige Aufgaben zu erledigen sind. Natürlich ist es vernünftig, sich Gedanken über seine Leistungen zu machen und sich zu fragen, ob man überhaupt in der Lage ist, die neuen Anforderungen zu erfüllen.

Normalerweise arbeitet man unter solchen Bedingungen besonders vorsichtig und sorgfältig, um nicht zu scheitern. In der Überzeugung jedoch, man könne die Aufgabe nicht meistern, und in der Angst vor den Folgen des Misserfolgs leistet man schlechte Arbeit oder drückt sich ganz davor.

Stellen Sie sich einen Kassierer vor, der Angst davor hat, seine Kasse könnte am Abend nicht stimmen. Um nur ja keinen Fehler zu machen, arbeitet er in Zeitlupe. Die Kunden stehen bis auf die Straße Schlange. Was halten Sie von einem Verkäufer, der sich vor dem Nein des Kunden fürchtet und ihm deshalb nichts anbietet. Das Umsatzziel wird er nicht erreichen. Was denken Sie über den Abteilungsleiter, der erst kürzlich befördert wurde und jetzt unter allen Umständen zu vermeiden versucht, die mangelhafte Leistung seiner Untergebenen anzusprechen, weil er Angst hat, deren Sympathie zu verlieren? Nun, vielleicht denken Sie jetzt: „Ist diesen Leuten denn nicht klar, dass sie auf diese Weise ihren Job verlieren können, was viel schlimmer wäre als einen Fehler zu machen oder in der Gunst der Kollegen zu sinken?" Meine Antwort auf Ihren Einwand lautet jedoch: „Nein, in diesem Moment verdrängen sie diese Gefahr und konzentrieren sich stattdessen auf die falschen Folgen."

Achtung: Dieses Problem bezieht sich natürlich nicht auf Situationen, in denen den Menschen tatsächlich ernsthafte negative Folgen drohen, wenn sie ihren Beruf ordnungsgemäß ausüben. Damit sind zum Beispiel Feuerwehrmänner gemeint, die ihr Leben riskieren, wenn sie Menschen aus brennenden Gebäuden retten. Hier jedoch spreche ich von Situationen, in denen die meisten Mitarbeiter ihre Arbeit erledigen, während einige Wenige Angst davor haben, weil sie negative Folgen befürchten.

4. So kommen Sie dem Problem zuvor

Gibt es keine negativen Folgen für Ihre Mitarbeiter, wenn sie die ihnen gestellten Aufgaben erfüllen, müssen Sie diesen Punkt schon zu Beginn des Arbeitsverhältnisses klar stellen. Es ist Ihre Aufgabe bei der Einarbeitung neuer Mitarbeiter, die Spielregeln im Unternehmen zu erklären. Stellen Sie insbesondere folgende Punkte klar:

- Es ist in Ordnung, wenn sie mit ihrem Vorgesetzten debattieren.

- Es gibt keine dummen Fragen, nur dumme Antworten.

- Sie ziehen es vor, dass Ihre Mitarbeiter Sie bitten, die Arbeitsanweisung mehrmals zu wiederholen, als dass Fehler geschehen.

- Sie erwarten von Ihren Mitarbeitern innovatives Denken, was die Verbesserung von Arbeitsmethoden anbelangt. Neue Ideen sind aber selbstverständlich zunächst mit Ihnen abzusprechen.

- Sie bestrafen Ihre Mitarbeiter nicht, wenn ihnen ein Fehler unterläuft.

Werden Sie aktiv!

- Machen Sie Ihren Untergebenen deutlich, dass sie keine negativen Folgen zu befürchten haben, wenn sie versuchen, ihre Arbeit ordnungsgemäß zu erledigen.

- Ihre nächste Aufgabe besteht darin zu überprüfen, ob tatsächlich keine negativen Konsequenzen drohen. Achten Sie auf Ihre Reaktionen, wenn Ihre Mitarbeiter das tun, was sie tun sollen. Nur konsequentes Handeln wird Ihre Mitarbeiter davon überzeugen, dass sie sich auf Ihr Wort verlassen können. Achten Sie auch auf Ihre Mimik und Gestik! Nur so können Sie verhindern, dass Ihre Mitarbeiter Ihnen den Ärger oder Frust von der Nasenspitze ablesen können.

- Sie müssen Überzeugungsarbeit leisten und Ihren Mitarbeitern klar machen, dass die von ihnen befürchteten negativen Konsequenzen in Wahrheit nicht so ernst sind, wie sie glauben. Natürlich lassen sich negative Folgen nicht immer vermeiden, aber Sie müssen diese Dinge ins rechte Licht rücken. So haben gewiss auch Sie im Schwimmbad bei Ihren ersten Sprüngen ins Wasser die schmerzliche Erfahrung machen müssen, dass Wasser ganz schön hart sein kann. Doch vermutlich hat dies Ihre Lebensqualität nicht beeinträchtigt, oder?

- Bei Diskussionen mit Ihren Mitarbeitern kann es durchaus einmal vorkommen, dass Ihre Meinungsverschiedenheit in einen Streit ausartet. Doch ein Streit – so unangenehm er manchmal sein mag – bedeutet nicht zwangsläufig das Ende einer freundschaftlichen Beziehung. Es ist auch nichts Außergewöhnliches, wenn ein Mitarbeiter als Reaktion auf seine Frage oder seinen Vorschlag auch einmal Gelächter oder Spott erntet. Selbst wenn ihm das in der jeweiligen Situation unangenehm war, sollte er lernen, einem solchen Ereignis keine größere Bedeutung zuzumessen.

Mitarbeiter werden für ihre mangelhafte Leistung nicht bestraft

12

1. Immer Ärger mit den Dilettanten .. 114
2. Strafen, die keine sind 114
3. Inkonsequenz kostet Geld 115
4. So kommen Sie dem Problem zuvor 117

1. Immer Ärger mit den Dilettanten

Gibt es auch in Ihrer Abteilung einen Mitarbeiter, der sich nicht an die Vorschriften hält? Und sehen Sie schon über ein Jahr lang tatenlos zu? Mussten auch Sie eine Mitarbeiterin übernehmen, die für ihr unkooperatives und störendes Verhalten berüchtigt ist? Vermeiden Sie es, einen bestimmten Mitarbeiter um einen Bericht zu bitten, weil Sie nur zu gut wissen, dass er sich prinzipiell weigert, einen schriftlichen Bericht zu erstellen? Gibt es in Ihrer Abteilung jemanden, der Teilaufgaben seines Jobs nicht erledigt, weil er diese Arbeit einfach nicht mag? Ist es Ihnen schon einmal passiert, dass Sie gegen einen bestimmten Mitarbeiter auf Grund schlechter Arbeitsleistungen ein Disziplinarverfahren einleiten wollten und dann Schwierigkeiten mit der Geschäftsführung, der Personalabteilung oder dem Betriebsrat bekamen, weil Sie zu hart seien, und dann einen Gang zurückschalten mussten? Wenn Sie einige oder alle dieser Fragen bejahen können, haben Sie es mit Mitarbeitern zu tun, die deswegen schlecht arbeiten, weil ihre mangelhaften Leistungen keinerlei negativen Konsequenzen nach sich ziehen.

2. Strafen, die keine sind

Manchmal sind Führungskräfte der Ansicht, dass schlechte Leistungen ihrer Mitarbeiter sehr wohl unangenehme Folgen hätten, doch sind diese in den Augen der Mitarbeiter alles andere als unangenehm. Kennen auch Sie Personalakten, die vor Abmahnungen und schlechten Leistungsbewertungen aus den Nähten platzen, und dennoch hat sich an den mangelhaften Leistungen des betreffenden Mitarbeiters nichts geändert? Der Vorgesetzte schöpfte zwar alle Möglichkeiten einer Bestrafung aus, jedoch blieb die Wirkung offensichtlich aus.

Manchmal werden schlechte Mitarbeiter sogar befördert oder können sich ihre Arbeit aussuchen, obwohl ihre Leistungen zu wünschen übrig lassen.

Würde man einem Manager mitteilen, dass sein Vorgesetzter ihn demnächst abmahnt, wäre wohl eine sehr emotionale Reaktion zu erwarten, da Manager eine Abmahnung mit einer empfindlichen Strafe gleichsetzen. Das Problem liegt darin, dass Führungskräfte davon ausgehen, dass Angestellte der unteren Ebenen dies ebenso empfinden. Doch es ist vielmehr so, dass ein Mitarbeiter eine Abmahnung, die in seiner Personalakte abgelegt wird, lediglich als Papierverschwendung betrachtet.

Mündliche und schriftliche Abmahnungen sind nur ein Teil der so genannten progressiven Disziplinierung, die nichts anderes bedeutet, als dass Disziplinierungsmaßnahmen immer schärfer werden, sofern sich nichts an der schlechten Leistung des betreffenden Mitarbeiters ändert, und von einer mündlichen Verwarnung über die schriftliche Abmahnung bis zur zeitweiligen Suspendierung reichen. In vielen Unternehmen quellen die Personalakten der Mitarbeiter über, doch es wird versäumt, die Strafen zu verschärfen. Auch gibt es Mitarbeiter, die eine Suspendierung nicht als Strafe empfinden, sondern sich freuen, ein paar unbezahlte Urlaubstage genießen zu können.

3. Inkonsequenz kostet Geld

Oft beschweren sich Angestellte über einen unfähigen Kollegen: „Warum wird dieser Versager nicht entlassen?" Nicht selten hört man sogar Betriebsräte sagen: „Ich wünschte mir, dass die Firma diesen unfähigen Mitarbeiter entlässt, damit dieses Theater endlich aufhört." Und trotzdem wird so gut wie keinem Mitarbeiter wegen mangelnder Leistungen gekündigt. Mir kam die Geschichte von einem Arbeiter zu Ohren, der seinen Vorgesetzten auf dem Firmenparkplatz mit einem Wagenheber tätlich angegriffen hat, daraufhin entlassen wurde und neun Monate später im Rahmen von Verhandlungen mit dem Betriebsrat wieder eingestellt wurde. In einem anderen Unternehmen wurde ein Labortechniker unter anderem deshalb mehrmals abgemahnt, weil er sich weigerte, eine Schutzbrille zu tragen. Eines Tages erschien er mit der Schutzbrille auf der Nase. Als sein Vorgesetzter ihn daraufhin lobte, schenkte ihm der Techniker ein müdes Lächeln und griff mit seinen Fingern durch die Fassung. Er hatte sich tatsächlich die Mühe gemacht, die Gläser zu entfernen, so dass er weiterhin sein Spielchen mit seinem Vorgesetzten spielen konnte. Ein Jahr später stand dieser Techniker noch immer auf der Gehaltsliste des Unternehmens.

Überraschende Realität

Manchmal wende ich mich mit folgender Frage an Manager: „Stellen Sie sich bitte einmal vor, dass ein Mitarbeiter bei einem wichtigen Projekt bewusst Fehler macht. Egal, wie hart Sie in diesem Fall eingreifen, es ändert nichts an seiner schlechten Leistung. Würden Sie diesen Mitarbeiter entlassen?" Häufig lautet die überraschende Antwort: „Nein!" „Würden Sie diesen Mitarbeiter versetzen?" „Nein, das ist in unserer Firma nicht üblich." „Würden Sie so jemandem eine Gehaltserhöhung geben?" Selbst auf diese Frage erhalte ich in den meisten Fällen eine erstaunliche Antwort: „Nun, mit Ausnahme einer geringen Lohnerhöhung als Ausgleich für die steigenden Unterhaltskosten eigentlich nicht." Anders ausgedrückt, kommen sogar Angestellte mit schlechten Leistungen in den Genuss einer Gehaltserhöhung.

Eine allgemein übliche Praxis in einigen großen und scheinbar gut organisierten Unternehmen ist die Versetzung eines Mitarbeiters in eine andere Abteilung. Das führt dazu, dass selbst Mitarbeiter, mit denen noch nie ein Vorgesetzter zufrieden war, ihr zwanzigjähriges Firmenjubiläum feiern können.

Viele Manager erzählten mir, dass sie einen Mitarbeiter in der Regel besser bewerten als er im Grunde genommen ist, da sie nicht derjenige sein wollen, der ihn als „schwarzes Schaf" brandmarkt. Manche Führungskräfte vertrauten mir an, dass sie in der Hoffnung auf eine Leistungssteigerung gerade schlechten Mitarbeitern eine Gehaltserhöhung zuweisen.

Möchten Sie herausfinden, warum Ihre Mitarbeiter nicht das tun, was von ihnen erwartet wird, und treffen keine der in den vorherigen Kapiteln bereits beschriebenen Ursachen auf Ihre Situation zu, könnte es sein, dass es keine negativen Konsequenzen für Ihre Mitarbeiter hat, wenn sie Ihren Erwartungen nicht entsprechen.

4. So kommen Sie dem Problem zuvor

Sie müssen sich in Ihrem Unternehmen dafür einsetzen, dass ein Bestrafungssystem für Mitarbeiter entwickelt wird, deren Leistungen bewusst schlecht sind und die offensichtlich keine Motivation an den Tag legen, ihre Leistungen zu verbessern.

In manchen Arbeitssituationen gibt es allein deswegen keine Sanktionen für mangelhafte Leistungen, weil dem Management die Fehler dieser Mitarbeiter entgehen. Entweder überprüft der Vorgesetzte die Arbeit seiner Untergebenen nicht auf Fehler oder ein entdeckter Fehler lässt sich nicht auf einen bestimmten Mitarbeiter zurückführen. Muss zum Beispiel in der Kfz-Branche ein Arbeiter täglich mit anderem Werkzeug oder an anderen Maschinen arbeiten, verschleißen die Werkzeuge und Maschinen erfahrungsgemäß viel früher oder müssen häufiger repariert werden. In diesen Situationen lässt sich der Verantwortliche kaum ausmachen, vielmehr wird jeder Arbeiter die Schuld auf seine Kollegen schieben. Das lässt sich ganz einfach verhindern, indem jeder Arbeiter tagein, tagaus am selben Arbeitsplatz eingesetzt wird. Dann lässt sich mangelnde Sorgfalt im Umgang mit Werkzeug und Maschinen sofort zurückverfolgen, und dem jeweiligen Arbeiter drohen negative Konsequenzen.

In den letzten dreißig Jahren hat es sich in den Betrieben durchgesetzt, dass jeder Monteur oder Packer dem Endprodukt einen Zettel beilegt, auf dem sein Name steht. Dadurch hat sich die Qualität der Produkte enorm verbessert. In der Regel werden hochtrabende Erklärungsmodelle wie der Stolz des Arbeiters auf seine Leistung als Begründung dafür ins Feld geführt. Meiner Meinung nach ist die Ursache viel profaner, denn auf diese Weise ist sichergestellt, dass sich ein eventueller Fehler auf den jeweiligen Angestellten zurückführen lässt, was wiederum entsprechende Sanktionen nach sich zieht.

> **Werden Sie aktiv!**
>
> - Bearbeiten Ihre Mitarbeiter Projekte nachlässig oder machen wissentlich Fehler, obwohl ihnen diese Art der Arbeit Spaß macht, weisen Sie ihnen Arbeiten zu, die sie nicht so gerne erledigen.
>
> - Erledigt ein Mitarbeiter seine Arbeit bewusst fehlerhaft, obwohl er an einem rundum angenehmen Arbeitsplatz sitzt, versetzen Sie ihn an einen Arbeitsplatz, der nicht so schön ist.
>
> - Darf ein Mitarbeiter während seiner Arbeitszeit das Unternehmensgelände verlassen oder genießt sonstige Sonderrechte, entziehen Sie diesem Angestellten seine Privilegien, wenn er bewusst Fehler bei seiner Arbeit macht.
>
> - Sind die Leistungen eines Mitarbeiters wiederholt schlecht, sollten Sie ihn versetzen.
>
> - Sorgen Sie dafür, dass ein Mitarbeiter, der seinen Job mehr schlecht als recht erfüllt, nur dann befördert wird oder eine Gehaltserhöhung erhält, wenn sich seine Leistungen verbessern.
>
> - Wird ein Mitarbeiter auf Grund mangelnder Leistungen versetzt, sollten Sie dafür sorgen, dass auch sein Gehalt gekürzt wird.
>
> - Teilt Ihnen ein Mitarbeiter mit, dass er befördert werden möchte, und lassen seine Arbeitsleistungen zu wünschen übrig, sollten Sie ihm schriftlich mitteilen, dass seine wis-

noch: Werden Sie aktiv!

sentlich gemachten Fehler bei seiner Arbeit als Unzuverlässigkeit bewertet werden, und dass eine Beförderung erst dann möglich ist, wenn sich seine Leistungen verbessern.

- Ändern Sie die Bedingungen für eine firmeninterne Versetzung. Ein Mitarbeiter, der durch bewusst nachlässige oder fehlerhafte Arbeit auffällt, darf erst dann an einen anderen Arbeitsplatz versetzt werden, wenn sich seine Leistungen über einen Zeitraum von sechs Monaten konstant verbessert haben. Jeder schlechte Mitarbeiter sollte außerdem nur dann versetzt werden, wenn er die Tätigkeit, die er vorsätzlich schlecht erledigt, nicht auch an der neuen Stelle leisten muss.

- Wenn offensichtlich ist, dass ein Mitarbeiter ständig bewusst mangelhafte Leistungen bringt und sämtliche Ihrer Versuche, etwas daran zu ändern, scheitern, sollten Sie diesen Mitarbeiter entlassen.

Wichtig: Steigert sich die Leistung des Mitarbeiters auf Grund dieser Vorschläge, müssen Sie unbedingt daran denken, dieses Verhalten positiv zu verstärken.

Hatten Sie auch schon mal das Gefühl, dass sich die Leistung eines Mitarbeiters nur dann bessert, wenn Sie ihm direkt über die Schulter sehen? Schön, dann haben Sie eine der wirksamsten Managementpraktiken zur Erhöhung der Produktivität entdeckt. Mitarbeiter empfinden es in der Regel als äußerst unangenehm, wenn sich ihnen ihr Vorgesetzter nähert. Je öfter Sie also Ihre Mitarbeiter an deren Arbeitsplatz aufsuchen, umso mehr wird sich die Produktivität erhöhen. In diesem Fall kann allein Ihr Auftreten als negative Folge schlechter Leistungen empfunden werden. Es ist nicht so, dass jemand etwas gegen Sie persönlich hat, aber wer lässt sich schon gerne bei Fehlern oder beim Trödeln erwischen?

Suchen Sie deshalb Ihre schlechten Mitarbeiter häufig an ihrem Arbeitsplatz auf und stellen Sie Fragen wie: „Was tun Sie gerade?", „Wie kommen Sie voran?", „Warum tun Sie das?", „Wann fangen Sie (mit der richtigen Arbeit) an?", „Wann werden Sie damit fertig sein?".

> **Erfolgs-Tipp:**
>
> - Je öfter Sie Ihren Mitarbeitern über die Schulter sehen, umso häufiger werden Sie beobachten können, dass sie gute Arbeit leisten. Sparen Sie in diesem Fall nicht mit Lob. Außerdem können Sie auf diese Weise eher eingreifen, wenn sich ein kleiner Fehler eingeschlichen hat, und verhindern, dass sich daraus eine Katastrophe entwickelt.
>
> - Natürlich werden Sie auch auf Kritik stoßen und man wird Ihnen vorwerfen, Sie würden Ihre Mitarbeiter überwachen. Entgegnen Sie Einwänden Ihrer Mitarbeiter mit einem freundlichen, aber bestimmten „Stimmt, aber genau dafür werde ich nun mal bezahlt".

Nicht dass wir uns missverstehen: Ich sage nicht, dass Sie mit einer Peitsche durch Ihre Abteilung laufen und sich alle möglichen Sanktionen und Drohungen für schlechte Arbeitsleistungen ausdenken sollen. Das haben Sie als guter Manager auch nicht nötig.

Ich möchte deutlich machen, dass es manchmal Situationen im Arbeitsleben gibt, in denen es nur einen einzigen Grund für mangelhafte Arbeitsleistungen gibt, nämlich das Fehlen von negativen Konsequenzen. Wenn Sie dagegen nichts unternehmen, müssen Sie sich wohl oder übel damit abfinden. Ich denke jedoch, dass Sie es Ihren leistungsbereiten Mitarbeitern schulden, diejenigen zu bestrafen, die schlechte Arbeit leisten.

Mitarbeiter stehen vor unkontrollierbaren Hindernissen

13

1. Jenseits von Einfluss und Kontrolle 122
2. Mangelhaft: Termine, Qualität, Anweisungen 122
3. Unzureichend: Macht, Methode, Kompetenz 125
4. So kommen Sie dem Problem zuvor 127

1. Jenseits von Einfluss und Kontrolle

Hier sind alle Faktoren gemeint, die außerhalb des Einflussbereichs der Mitarbeiter liegen und sie daran hindern, ihren Job ordnungsgemäß zu erledigen. Wollte ich zum Beispiel während eines Seminars einen Videofilm zeigen, der Strom fiele aus und es gäbe kein Notstromaggregat, könnte ich zwar immer noch mit den Anwesenden reden, aber das Video nicht mehr zeigen. Wäre das Video ein wichtiger Bestandteil des Kurses, könnte ich in diesem Fall leider nichts machen, um dieses Hindernis zu beseitigen.

In manchen Situationen trifft ein Mitarbeiter auf ein Hindernis, das nur deshalb eine erwünschte Arbeitsleistung verhindert, weil er nicht weiß, wie er es beseitigen kann. Dies ist nur für denjenigen ein Problem, der nicht weiß, wie er das Problem aus dem Weg räumen kann.

Es kommt jedoch auch häufig vor, dass ein Mitarbeiter seinem Vorgesetzten von Hindernissen erzählt, dieser jedoch kein Verständnis für die missliche Lage seines Mitarbeiters aufbringt, sondern dies für eine Ausrede oder mangelnde Einsatzbereitschaft hält.

2. Mangelhaft: Termine, Qualität, Anweisungen

Ein Software-Unternehmen, das sich auf Programme für die Buchhaltung und Rechnungsverfahren in Arztpraxen spezialisiert hatte, beschloss, diese Programme auch einem anderen Kundenkreis anzubieten. Als der Vertriebsleiter den Geschäftsführer darauf hinwies, dass sich das Programm nicht gut verkauft, weil es nicht auf die komplexeren Abläufe in anderen Branchen zugeschnitten war, lautete die Antwort des Geschäftsführers: „Ach was, Sie haben nur keine Ahnung vom Verkauf!" Zunächst gelang es den Mitarbeitern, das Produkt an den Mann zu bringen, doch die Geschäfte stagnierten, als sich herumsprach, dass das Programm nicht gut ist. Der Geschäftsführer ignorierte jedoch diese Tatsache und beharrte stur auf seiner Sichtweise der Dinge.

Ein Manager eines anderen Unternehmens erzählte mir von seinem Problem mit einem Techniker, der im Umgang mit seinen Kunden ziemlich unkommunikativ und unfreundlich war, weshalb sich zahlreiche Kunden über ihn beschwerten. Jedes Mal, wenn er den Techniker daraufhin ansprach, wandte der Techniker sich hinter seinem Rücken an seinen Vorgesetzten, den Geschäftsführer des Unternehmens, mit dem er gut befreundet war. Daraufhin erhielt der Manager stets die Anweisung, er möge den Techniker doch bitte in Ruhe lassen. Der Manager stand somit vor einem Hindernis, das außerhalb seines Einflussbereichs lag, und da er keinerlei Disziplinarstrafen erteilen konnte, ist der Techniker inzwischen zu einem extrem unangenehmen Mitarbeiter geworden.

In diesem Kapitel befassen wir uns mit allen Situationen, Bedingungen und Gegebenheiten, auf Grund derer ein Mitarbeiter nicht die geforderte Leistung erbringen kann und gegen die er machtlos ist. Es gibt verschiedene Einflussfaktoren, die eine mangelhafte Arbeitsleistung bedingen können.

Ressourcen stehen nicht zur Verfügung

Es gibt nur wenige Aufgaben in einem Unternehmen, für die von Anfang bis Ende nur ein einziger Mitarbeiter zuständig ist. Dies gilt für fast alle Branchen. Normalerweise besteht eine Arbeit aus einer Abfolge von Arbeitsschritten, die von mehreren Mitarbeitern erledigt werden. Trödelt der erste Arbeiter oder macht einen Fehler, stellt dies den zweiten vor ein großes Hindernis.

- Räumen die Hilfskellner in einem überfüllten Restaurant nicht schnell genug das Geschirr ab, kann der Oberkellner die Gäste nicht an die Tische führen.

- Die Bedienung kann das Essen nicht servieren, wenn der Koch noch mit der Zubereitung beschäftigt ist.

- Im Krankenhaus kann eine Operation erst stattfinden, wenn vorher die entsprechende Stelle am Körper rasiert wurde.
- Der Chirurg kann erst dann seinen Eingriff vornehmen, wenn der Anästhesist den Patienten in Narkose versetzt hat.
- Der Rechnungsabteilung müssen die entsprechenden Unterlagen und Belege vorliegen, damit sie in den Computer eingegeben und bearbeitet werden können.
- Am Fließband kann der Arbeiter seinen Job nicht erledigen, wenn ein Bauteil oder eine Schraube fehlt.
- Vielleicht lag die Verspätung Ihres letzten Linienflugs daran, dass das Bodenpersonal zu lange gebraucht hat, um das Flugzeug aufzutanken.

Mangelhafte Qualität

Pünktlich gelieferte, aber unbrauchbare Ressourcen werden ebenfalls zu einem Hindernis:

- Die zur Verfügung gestellten Daten sind fehlerhaft.
- Die Blusenkollektion wird zwar rechtzeitig zum Frühlingsanfang in das Warenhaus geliefert, jedoch in den falschen Größen.
- Das Arbeitsmaterial entspricht nicht den technischen Anforderungen, zum Beispiel kontaminierte Chemikalien, Färbemittel in den falschen Farben, Nieten und Schrauben mit der falschen Länge oder dem falschen Durchmesser, qualitativ schlechtes Baumaterial oder Schwankungen in der Stromversorgung.

Widersprüchliche Anweisungen

So unglaublich es auch klingen mag, es kommt immer wieder vor, dass Angestellte von ihrem direkten Vorgesetzten völlig unterschiedliche Anweisungen für ein bestimmtes Projekt erhalten als von dessen Chef. Diese Situation tritt vor allem in Familienbetrieben auf, in der sich die ganze Familie für das Wohl der Firma einsetzt. Der Firmengründer, in den meisten Fällen dann der Geschäftsführer oder Vorstand, ignoriert die unterschiedlichen Managementebenen und weist seine Arbeiter auf der untersten Ebene lieber direkt an. In der jeweiligen Situation mag das durchaus angebracht sein, doch häufig passt es nicht ins Gesamtkonzept oder seine Anweisungen widersprechen denen der direkten Vorgesetzten. Diese Art von Missmanagement führt häufig zu einer Verschwendung der Ressourcen und stiftet unnötige Verwirrung.

3. Unzureichend: Macht, Methode, Kompetenz

Weitere Beispiele für Hindernisse, denen ein Arbeitnehmer machtlos gegenüber steht und die seine Arbeit unmöglich machen, sind fehlende Entscheidungsbefugnisse für zugewiesene Aufgaben, schlecht funktionierende Gerätschaften und Maschinen, Serviceabteilungen, die nicht weiterhelfen wollen, Streiks, Überschwemmungen, Erdbeben und andere Naturkatastrophen, Feiertage, Mittagspause, Krieg und so weiter. Hindernisse dieser Art lassen sich in drei Kategorien einteilen.

Macht

Zur ersten zählen alle Situationen, in denen es dem Angestellten unmöglich ist, die geforderte Aufgabe zu erledigen, weil sie außerhalb des Einflussbereichs des Mitarbeiters liegt. Es steht nicht in seiner Macht, etwas zu ändern.

Methode

Zur zweiten gehören die Situationen, in denen ein Arbeitnehmer seine Aufgaben ebenfalls nicht erledigen kann, er aber Abhilfe schaffen könnte, wenn er nur wüsste, wie. Anders ausgedrückt, etwas oder jemand hindert den Mitarbeiter aktiv oder passiv daran, Leistung zu erbringen, weil er keine Möglichkeit kennt, dieses Hindernis zu umgehen. So kann ein Mitarbeiter vielleicht einen angeforderten Bericht nicht rechtzeitig einreichen, weil ihm ein anderer die notwendigen Informationen nicht zur Verfügung gestellt hat. Auf die Frage „Warum holen Sie sich nicht, was Sie brauchen, sondern warten, bis Ihnen die Informationen gebracht werden?" wird Ihnen Ihr Mitarbeiter vermutlich entgegnen „Weil ich nicht wusste, dass ich das tun darf." Ihr Mitarbeiter hat also nicht gewusst, welche Alternativen ihm zur Verfügung stehen, um das Hindernis zu umgehen.

Kompetenz

Zur dritten Kategorie zählen alle Situationen, in denen der Angestellte keine Möglichkeit hat, seinen Job zu erledigen, weil ihm die Kenntnisse fehlen, eine Alternativlösung zu ergreifen. Das heißt, der Mitarbeiter weiß in diesem Fall zwar, dass er das Hindernis umgehen könnte, weiß diese Alternative aber nicht zu nutzen. Folgende Alltagssituationen sollen dies verdeutlichen:

Beispiele:

- Beim Campen brauche ich ein Feuerzeug oder Streichhölzer, um ein Feuer machen zu können. Wenn mir diese Mittel fehlen, ist mir zwar bekannt, dass man Feuer auch machen kann, indem man zwei Holzstöcke irgendwie aneinander reibt, aber mir fehlt das Wissen von dieser Technik.

- Mein Sekretär sollte mir einen Bericht für die Besprechung am kommenden Tag ausdrucken. Leider trat er seinen Urlaub an, ohne diese Aufgabe erledigt zu haben. Ich wusste zwar, dass die Datei in seinem Computer gespeichert ist, kannte jedoch sein Passwort nicht und konnte den Bericht deshalb nicht ausdrucken.

4. So kommen Sie dem Problem zuvor

Beseitigen Sie das Hindernis und die Arbeitsleistung erreicht wieder das erwünschte Niveau. Wenn Ihre Mitarbeiter Sie darüber unterrichten, dass ein Hindernis, gegen das sie machtlos sind, ihre Arbeitsleistung beeinträchtigt, sagen Sie ihnen bitte nicht, sie sollten sich selbst darum kümmern. Lassen Sie sich die Situation stattdessen genau schildern und analysieren Sie sie. Setzen Sie Klagen Ihrer Mitarbeiter über fehlende Kooperation mit anderen Abteilungen, schlechter Materialqualität oder defekten Maschinen nicht mit Arbeitsverweigerung oder mangelnder Kreativität gleich.

Wichtig: Es ist Ihre Aufgabe als Manager, Hindernisse aus dem Weg zu räumen, die Ihren Mitarbeitern die Erledigung ihres Jobs unmöglich machen. Ich kenne einen Manager, der ein Schild mit folgender Aufschrift an seine Tür hing: „Behelligen Sie mich nicht mit Problemen, für die Sie keine Lösung haben." Diesem Negativbeispiel sollten Sie nicht nacheifern, denn wie Sie sich sicherlich vorstellen können, gab es in seiner Abteilung eine Menge Probleme, die niemals gelöst wurden.

Werden Sie aktiv!

- Können Ihre Mitarbeiter Aufgaben nicht ordnungsgemäß erledigen, weil die dafür erforderliche Zusammenarbeit mit anderen Abteilungen nicht funktioniert, müssen Sie die Fakten sammeln. Im Einzelfall sollten Sie eine Besprechung mit den anderen Abteilungsleitern anregen. Manchmal ist auch eine Änderung der Arbeitsvorschriften oder -verfahren nötig.

  Erreichen Sie nicht, dass Ihre Zulieferer die bestellten Waren pünktlich liefern, sollten Sie sich nach anderen Bezugsquellen umsehen.

noch: *Werden Sie aktiv!*

- Wenn Sie feststellen, dass die unterschiedlichen Managementebenen unterschiedliche Anweisungen erlassen, müssen Sie dies sofort unterbinden. Zählt Ihr Vorgesetzter zu den Menschen, die durch widersprüchliche Arbeitsanweisungen unnötige Verwirrung stiften, bitten Sie ihn möglichst sachlich darum, mit Ihnen zusammenzuarbeiten und Anweisungen zunächst an Sie zu geben.

- Sollte sich Ihr Vorgesetzter nicht belehren lassen, müssen Sie mit Ihren Mitarbeitern einen Plan entwickeln, was in diesem Fall zu tun ist. Anderenfalls führt diese Praxis zu mangelhaften Leistungen, kostet die Firma eine Stange Geld und Sie womöglich Ihren Arbeitsplatz.

- Scheitert einer Ihrer Mitarbeiter in seinen Bemühungen, die Zusammenarbeit mit den anderen Abteilungen zu verbessern, ist es Ihre Aufgabe, ihm unter die Arme zu greifen. Damit beseitigen Sie das Hindernis.

- Gelingt es Ihnen nicht, ein Hindernis aus dem Weg zu räumen, müssen Sie eine Strategie entwickeln, mit deren Hilfe Ihre Mitarbeiter mit der jeweiligen Situation fertig werden oder ihnen zeigen, wie diese Strategie anzuwenden ist. Scheitern die Außendienstmitarbeiter an den Klagen der Kunden über zu teure Produkte, müssen Sie ihnen beibringen, wie sie mit solchen Kunden verhandeln können.

- Es ist kein Zeichen für effizientes Management oder effektives Problemlösen, wenn Sie das Problem auf einen anderen, in diesem Fall auf Ihren Untergebenen, abwälzen. Es spricht auch nicht für Ihre Fähigkeiten, wenn Sie tatenlos zusehen, wie ein Hindernis ein echtes Leistungsdefizit verursacht, bevor Sie sich die Mühe machen, Ihren Mitarbeitern zu erklären, was sie im Falle eines Hindernisses zu tun haben. In diesem Fall ist vorausschauendes

noch: Werden Sie aktiv!

> Management angesagt. Erklären Sie Ihren Mitarbeitern im Voraus, wie bestimmte Probleme zu lösen sind. Überlegen Sie sich, welche Hindernisse bei einem Projekt auftreten können und entwickeln Sie Lösungsstrategien für den Fall der Fälle.
>
> - Wenn Sie die Initiative ergreifen, unterstützen Sie Ihre Mitarbeiter darin, gute Leistungen erbringen zu können. Weisen Sie Ihre Mitarbeiter zum Beispiel an, sich dringend benötigte Informationen aus anderen Abteilungen selbst zu beschaffen, wenn diese sie nicht rechtzeitig liefern. Auf diese Weise lernen Ihre Mitarbeiter zwei Dinge: Es gibt eine Alternativlösung, wie sich ein Hindernis umgehen lässt, und es gehört zu ihrem Job, dies auch zu tun.
>
> - Gelingt es Ihnen nicht, ein Hindernis zu beseitigen oder eine Strategie zu entwickeln, um das Hindernis zu umgehen, müssen Sie Ihren Mitarbeitern andere Aufgaben zuweisen, da sie nicht in der Lage sein werden zu tun, was von ihnen erwartet wird. Ihr Mitarbeiter würde in diesem Fall schlechte Arbeit leisten, weil Sie etwas verlangen, was niemand schaffen könnte. Mehr davon im nächsten Kapitel.

Mitarbeiter stoßen an ihre persönlichen Grenzen

14

1. Das Limit ist errreicht 132
2. Unwissenheit und Unfähigkeit sind zwei Paar Stiefel 132
3. Dauerschwäche oder temporäres Ungeschick 134
4. So kommen Sie dem Problem zuvor 136

1. Das Limit ist erreicht

Das Argument, dass persönliche Schwächen zu mangelhaften Leistungen führen, wird häufig von Managern ins Feld geführt, die sich aus der Verantwortung für die Unproduktivität ihrer Abteilung stehlen möchten oder nicht für Leistungsprobleme zuständig sind. Üblicherweise nennen Führungskräfte diesen Grund vor allem dann, wenn es nicht um ihre direkten Mitarbeiter geht. Aussagen wie „Was hat so jemand bei uns verloren?" oder „Der ist ja dumm wie Brot", „Ihr muss man aber wirklich alles haarklein erklären", „Der braucht seinen Kopf auch nur als Hutablage" oder „Dumm bleibt dumm, da helfen keine Pillen" sind in diesen Gesprächen keine Seltenheit. Am besten gefällt mir der Spruch: „Als Gott das Gehirn verteilte, machte sie wohl gerade Kaffeepause." Es gibt noch unzählige Umschreibungen dafür, manche sehr bildlich, andere nicht geeignet, um sie in diesem Buch zu zitieren. Doch gemeint ist immer dasselbe: Der Manager ist davon überzeugt, dass der Mitarbeiter an seine persönlichen Grenzen stößt.

2. Unwissenheit und Unfähigkeit sind zwei Paar Stiefel

Mit Sicherheit gibt es Situationen, in denen Mitarbeiter überfordert sind und an ihre persönlichen Grenzen stoßen. Doch dies ist weitaus seltener der Fall als Manager behaupten. Persönliche Grenze steht in diesem Zusammenhang für unabänderliche Eigenschaften, welche die Leistungskapazität eines Mitarbeiters tatsächlich einschränken. Ist zum Beispiel für einen bestimmten Beruf uneingeschränktes Sehvermögen erforderlich, stieße ein Farbenblinder oder ein Einäugiger mit mangelndem räumlichen Sehvermögen hier an seine persönlichen Grenzen. Braucht man für eine bestimmte Tätigkeit alle zehn Finger, wäre jemand mit nur neun Fingern wohl die klassische Fehlbesetzung. Sind Sie der Ansicht, dass sich die Intelligenz anhand des Intelligenzquotienten messen lässt und ist für eine anspruchsvolle Tätigkeit ein IQ von 125 nötig, ist jemand mit einem IQ von 65 eindeutig fehl am Platz.

Persönliche Grenzen lassen sich auch nicht durch Lernprozesse aufheben. Würden Sie mich zum Beispiel als Pilot für Ihr Unternehmen einstellen, würde ich an dieser Aufgabe nicht wegen meiner persönlichen Grenzen scheitern, sondern deshalb, weil ich keine Ausbildung zum Piloten gemacht habe. Wenn ich dies nachhole, könnte ich diesen Job ohne weiteres übernehmen. Meine Unfähigkeit als Pilot auf Grund fehlender Ausbildung unterscheidet sich grundlegend von der Tatsache, dass ich vielleicht trotz einer exzellenten Schulung kein guter Pilot wäre. Dieses Beispiel ist zugegebenermaßen sehr einfach. In der Arbeitswelt gibt es viele Fähigkeiten, die sich nicht ohne weiteres messen oder beobachten lassen, aber trotzdem als Voraussetzung für bestimmte Tätigkeiten gelten.

Vieles lässt sich lernen

Der größte Fehler von Managern besteht darin, die Unwissenheit ihrer Mitarbeiter mit deren Unfähigkeit gleichzusetzen und deshalb gar nicht erst zu versuchen, das dadurch entstandene Problem zu lösen. Ich habe die Erfahrung gemacht, dass in mindestens 80 Prozent aller Fälle, in denen als Grund für das Scheitern eines Mitarbeiters „Unfähigkeit" angegeben wird, der wahre Grund in dessen Unkenntnis liegt. Meiner Erfahrung nach wurde diesen Mitarbeitern nie gezeigt, wie sie ihre Aufgabe lösen sollen.

Denken Sie doch zum Beispiel einmal daran, wie es sich mit Reden vor einem größeren Publikum verhält. Von einem Mitarbeiter, der damit Probleme hat, heißt es ganz schnell, dass ihm essenzielle Fähigkeiten fehlen, doch in Wirklichkeit fehlt es ihm lediglich an der Technik. Schließlich gibt es zahlreiche Angebote für Seminare über Redetechniken, die zweifelsohne ihre Daseinsberechtigung haben. Ich selbst kenne eine Angestellte, die schon beim Gedanken daran, eine Rede halten zu müssen, unter Schweißausbrüchen und Panikattacken litt. Nach einem entsprechenden Seminar stellte diese Aufgabe kein Problem mehr für sie dar. Ihre Vorgesetzten waren zuvor einhellig der Meinung, dass sie es „einfach nicht drauf hätte", doch in diesem Fall zeigte sich, dass es lediglich um erlernbare Fähigkeiten und nicht um persönliche unabänderliche Schwächen ging.

3. Dauerschwäche oder temporäres Ungeschick

Persönliche Grenzen lassen sich in zwei Kategorien aufteilen: Permanente und temporäre. Farbenblindheit ist ein Beispiel für eine permanente persönliche Schwäche. Ein Gehirnchirurg, der Farben nicht zweifelsfrei unterscheiden kann, wäre wohl kaum für seinen Beruf geeignet, da es bei seiner Arbeit unter anderem auf uneingeschränktes Sehvermögen ankommt. Auch eine bestimmte Körpergröße oder Geschicklichkeit mag bei manchen Berufen notwendig sein. Stellen Sie sich doch einmal einen körperlich behinderten Kassierer vor, der nicht in der Lage ist, Geld schnell zu zählen und einzuordnen. Undenkbar. Eine gewisse Fingerfertigkeit lässt sich zwar erlernen, doch die körperlichen Voraussetzungen dafür müssen vorhanden sein. Auch das körperliche Erscheinungsbild spielt in bestimmten Berufen eine große Rolle. Ein Kellner, dessen Gesicht durch Narben oder ähnliches entstellt ist, könnte die Gäste verschrecken, auch wenn er an sich ein guter und aufmerksamer Ober ist. Ein zu attraktives Äußeres kann jedoch ein ebenso großer Nachteil sein wie ein abstoßendes Äußeres: Einige Verkäuferinnen berichteten mir, stets darauf zu achten, dass nicht ihre Kleidung, sondern das Produkt im Mittelpunkt des Interesses ihrer Kunden steht. Natürlich klaffen die Meinungen darüber, was „attraktiv" ist, weit auseinander und über Geschmack lässt sich bekanntlich nicht streiten. Oder möchten Sie mit der Frau Ihres Nachbarn verheiratet sein?

Viele Manager sehen die Ursache für viele Probleme am Arbeitsplatz in mangelnder Intelligenz, doch in meinen Augen ist dieser Begriff viel zu weit gefasst. Was bedeutet Intelligenz? Analytisches Denken, schnelle Auffassungsgabe, gutes Gedächtnis, exakte Ausdrucksweise, Konzentrationsvermögen, Problembewusstsein oder Visualisierungsvermögen? Ein tatsächliches mentales Unvermögen fällt in der Arbeitswelt wohl rasch auf, doch die meisten so genannten Intelligenzprobleme lassen sich auf Unwissen oder mangelnde Erfahrung zurückführen.

Am häufigsten: Korrigierbare Fehlleistungen

Temporäre oder vorübergehende persönliche Grenzen können korrigiert werden oder verschwinden von selbst. Man könnte zum Beispiel eine Schwangerschaft als vorübergehende persönliche Grenze deklarieren, je nach den körperlichen Anforderungen am Arbeitsplatz und je nachdem, wie weit die Schwangerschaft schon fortgeschritten ist. Die mangelnde Beherrschung einer Fremdsprache lässt sich durch einen Sprachkurs oder Lehrbücher beheben. Eine Nebenhöhlen- oder Kehlkopfentzündung ist keine dauerhafte Beeinträchtigung. Auch Alkoholismus, Drogenabhängigkeit und psychische Erkrankungen sind in der Regel vorübergehender Natur. Ein Manager, der täglich dreimal einen Wutanfall von dreißig Sekunden Dauer hat, und zugibt, dass er sich in diesen Momenten nicht unter Kontrolle hat, leidet höchstens dreimal dreißig Sekunden täglich an einer – wenn Sie so wollen – geistigen Störung. Verhaltensauffälligkeiten wie Unfreundlichkeit, Unsensibilität oder abweisendes Verhalten sind nicht zwangsläufig Symptome einer psychischen Erkrankung. Davon betroffenen Menschen kann in der Regel mit einer Schulung oder einer Therapie weitergeholfen werden, manchmal reicht es, ihnen geeignetes Feedback zu geben, ihnen zu sagen, was sie wissen müssen, und sie für ihre Leistungen zu loben. Manchmal sind Menschen jedoch krank und wissen es nicht. Viele so genannte Verhaltensstörungen wie störendes, zerstörerisches, asoziales Verhalten oder sogar Paranoia sind auf Hormonstörungen oder Störungen der chemischen Vorgänge im Gehirn zurückzuführen oder sind eine Nebenwirkung von Krankheiten wie einem zu niedrigen Blutzuckerspiegel. Das auffällige Verhalten kann in einigen Fällen auf Grund einer medikamentösen Behandlung oder einer Umstellung der Essgewohnheiten verschwinden. Vielleicht arbeiten auch bei Ihnen Menschen, denen auf diese Weise geholfen werden kann.

Sobald ich dieses Thema in meinen Seminaren anschneide, wenden viele Manager ein: „Davon rede ich aber doch gar nicht, wenn ich von persönlichen Grenzen spreche." Meine Antwort lautet in der Regel: „Wenn Sie darüber nicht reden, dann meinen Sie auch nicht persönliche Grenzen, sondern andere Ursachen mangelnder Leistungen." Die meisten Führungskräfte geben mir dann Recht und räumen ein, dass sie zu viele Aspekte unter dem Begriff „persönliche Grenzen" zusammenfassen. In den wenigsten Fällen ist eine persönliche Schwäche der Auslöser für schlechte Arbeitsleistungen, doch Führungskräfte lieben es, diesen Grund als Ursache dafür anzuführen.

4. So kommen Sie dem Problem zuvor

Sie müssen die Tatsache akzeptieren, dass es bei „persönlicher Schwäche" um die Leistungsfähigkeit eines Menschen geht. Psychologen definieren die Leistungsfähigkeit als Höchstleistung, die ein Mensch bei maximaler Unterstützung erzielen kann. Die individuelle Leistungsfähigkeit kann durch einen genetischen Defekt, eine Krankheit oder einen Unfall beeinträchtigt werden. Verwechseln Sie nicht Leistungsfähigkeit mit Kenntnisstand. Letzteres kann durch Lernen verändert werden. Denken Sie auch immer an die „maximale Unterstützung". Scheitert jemand auf Grund mangelnder Unterstützung an einer Aufgabe, dürfen Sie als Ursache weder eine persönliche Schwäche noch mangelnde Kenntnisse in Betracht ziehen.

Werden Sie aktiv!

- Machen Sie sich bewusst, dass Sie in Ihrer Abteilung normale Menschen beschäftigen und nicht auf Superathleten oder „Einsteins" angewiesen sind. Im alltäglichen Geschäftsleben reicht ein ganz normaler Mensch mit ganz normalen Fähigkeiten, um die anfallenden Aufgaben zu erledigen. Außerdem könnten Sie sich – falls Sie eines finden sollten – ein Genie vermutlich gar nicht leisten.

- Kann jemand bei einer bestimmten Tätigkeit an seine persönlichen Grenzen stoßen, müssen Sie den dafür in Frage kommenden Mitarbeiter vor seiner Einstellung oder Versetzung auf Herz und Nieren prüfen. Entwickeln Sie einen geeigneten Test, um abklären zu können, ob der Bewerber über die entsprechenden Qualifikationen verfügt.

- Wenn Sie über Leistungsprobleme sprechen, beschreiben Sie das aktuelle Problem so detailliert wie möglich, versuchen Sie zu klären, was falsch und was richtig gemacht wurde. Hüten Sie sich vor Allgemeinplätzen wie „Er ist halt unser schwarzes Schaf" oder „Sie hat zwei linke Hände". Aussagen wie diese sind viel zu allgemein und können zu falschen Rückschlüssen über die Ursachen der mangelhaften Leistung und damit zu falschen Gegenmaßnahmen führen.

- Stempeln Sie einen Mitarbeiter nicht vorschnell als „Versager" ab, der auf Grund seiner persönlichen Grenzen an einer bestimmten Aufgabe gescheitert ist. Normalerweise sind andere Ursachen dafür ausschlaggebend. Bevor Sie sich dafür entscheiden, einen Mitarbeiter zu kündigen oder zu versetzen, sollten Sie sich folgende Frage stellen:

„Ist dies eine der seltenen Situationen, in denen ich als Manager den möglichen, aber unwahrscheinlichen Fehler ge-

noch: Werden Sie aktiv!

macht habe, diesem Mitarbeiter nicht genau zu erklären, was ich von ihm erwarte?"

Es kostet Sie nichts, wenn Sie sich diese Frage stellen, es kann Sie jedoch eine ganze Menge kosten, wenn Sie es nicht tun, denn die Kosten für die Mitarbeiterfluktuation sind erheblich. Prüfen Sie ganz genau, aus welchem Grund der Mitarbeiter die gewünschte Leistung nicht erbracht hat.

- Bevor Sie eine endgültige Entscheidung treffen, sollten Sie sich folgende Fragen durch den Kopf gehen lassen:
  - Fragen Sie den betroffenen Mitarbeiter, wie er die ihm gestellte Aufgabe seiner Meinung nach erledigen soll.
  - Erhalten Sie die richtige Antwort, bitten Sie ihn, die Aufgabe zu erledigen, während Sie ihm dabei zusehen und prüfen, ob er alle Einzelschritte richtig erledigt.
  - Erhalten Sie die falsche Antwort oder können Sie beobachten, dass ihm ein Fehler unterläuft, zeigen Sie genau, was er zu tun hat und wiederholen anschließend vorherigen Absatz.

- Hat sich eindeutig erwiesen, dass ein bestimmter Mitarbeiter an einer persönlichen, permanenten Grenze scheitert, haben Sie zwei Möglichkeiten: Entweder Sie kündigen diesem Mitarbeiter oder Sie finden sich damit ab.

Mitarbeiter haben persönliche Probleme

15

1. Rollenspiele: Zwischen Psychologe und Vollstrecker 140

2. Wut, Frust, Ärger: Signale für Privatprobleme 140

3. Zu viel Mitgefühl kann teuer werden 143

4. Eine Gratwanderung: Streng oder nachsichtig reagieren 144

5. So kommen Sie dem Problem zuvor 147

1. Rollenspiele: Zwischen Psychologe und Vollstrecker

Nun kommen wir zu der wohl wichtigsten Ursache für mangelhafte Leistungen – persönliche Probleme. Diese Ursache tritt in allen Bereichen eines Unternehmens auf und kann für den betroffenen Manager sehr frustrierend sein. Viele Führungskräfte wissen nicht einmal, wie sie mit Mitarbeitern über deren Schwierigkeiten im Privatleben sprechen sollen, geschweige denn, wie sie damit umgehen könnten. Ohne die Hilfe von Standardlösungen und ohne entsprechende Schulungen ist es für viele Manager eine heikle Gratwanderung zwischen der Verantwortung, sich als leitender Angestellter für das Firmenwohl einzusetzen, und dem inneren Bedürfnis, ein verständnisvoller, sensibler und hilfsbereiter Vorgesetzter zu sein.

Wichtig: Manager übernehmen viele Rollen – vom Eheberater, Beichtvater, Seelsorger, Psychologen, Kreditgeber bis zum Richter und Strafvollstrecker. Diese Rollenspiele rauben Führungskräften wertvolle Zeit und führen häufig zu keinem Ergebnis.

2. Wut, Frust, Ärger: Signale für Privatprobleme

Mit persönlichen Schwierigkeiten sind sämtliche Ereignisse im Privatleben eines Mitarbeiters gemeint, die sich nachteilig auf dessen Leistungen im Berufsleben auswirken. Dazu zählen Familienstreitigkeiten, Scheidung, unzuverlässige Babysitter, kranke Kinder, kaputte Autos, Probleme mit den Fahrgemeinschaften, Todesfälle, offene Spielschulden, Schwierigkeiten mit den Schwiegereltern und so weiter und so fort. Eigene Erkrankungen zählen nicht zu dieser Kategorie, diese werden den „vorübergehenden persönlichen Grenzen" zugerechnet. Natürlich können Mitarbeiter auf Grund ihres persönlichen Kummers psychisch krank werden, doch auch hierbei handelt es sich um ein weiteres Beispiel der Kategorie der persönlichen Grenzen.

Wenn die Leistung des Mitarbeiters beeinträchtigt ist, fallen persönliche Probleme im Regelfall schnell auf.

- Mitarbeiter verbringen übermäßig viel Zeit mit privaten Telefonaten.
- Mitarbeiter besprechen ständig während der Arbeitszeit ihre privaten Nöte und Sorgen mit Kollegen und arbeiten deshalb weniger oder unkonzentrierter.
- Mitarbeiter lassen ihre schlechte Laune an den Maschinen aus, an denen sie arbeiten, knallen den Telefonhörer auf die Gabel oder sind unfreundlich zu Kunden, weil sie private Sorgen haben.
- Mitarbeiter kommen oft zu spät und gehen sehr früh, weil sie sich nicht auf ihren Babysitter verlassen können.

Auf die Nachfrage, weshalb der betreffende Mitarbeiter so langsam, fehlerhaft oder verwirrt arbeitet, erhalten Sie folgende Antworten:

- „Ich bin mit meinen Gedanken ganz woanders."
- „Ich kann mich im Moment nicht auf meine Arbeit konzentrieren."
- „Ich habe private Probleme, möchte aber nicht darüber reden."

Die meisten Unternehmen genehmigen ihren Mitarbeitern in Krisenzeiten Sonderurlaub. Fast immer dürfen Mitarbeiter problemlos auf Grund eines Todesfalls in der Familie bezahlten Sonderurlaub einlegen.

In manchen Unternehmen stehen den Mitarbeitern jährlich ein paar zusätzliche freie Tage zu, die sie für einen Termin beim Zahnarzt, Verwandtschaftsbesuche oder den Elternabend in der Schule nutzen können. Bei einem Todesfall in der Familie muss dieser Sonderurlaub jedoch meist rechtzeitig in die Urlaubsliste eingetragen werden, damit das Management Probleme auf Grund der Abwesenheit eines Mitarbeiters vermeiden kann.

Achtung: Jüngste Studien zeigten, dass persönliche Probleme und Sorgen des Mitarbeiters Gefühle wie Wut, Frust und Ärger auslösen, die sich auch im Umgang mit Kunden, Kollegen und sogar Vorgesetzten zeigen. Nur gibt es keine Möglichkeit vorauszusagen, wie der Einzelne auf private Nöte reagiert. Was für den einen eine traumatische Erfahrung ist, lässt den anderen scheinbar gänzlich unberührt, und umgekehrt. Was für Sie nur eine Kleinigkeit ist, bringt andere vielleicht an den Rand eines Nervenzusammenbruchs.

> **Beispiel:**
>
> Ein Vorarbeiter aus der Kfz-Branche hat mir einmal erzählt, dass ihm ein bestimmter Mitarbeiter Kopfzerbrechen bereitete, da dieser sofort nach dem Betriebsrat schrie, wenn er ihm nur freundlich einen „Guten Morgen" wünschte. Der Vorarbeiter konnte sich dieses Verhalten nicht erklären.
>
> Zwei Jahre später besuchte jener Mitarbeiter eines meiner Seminare und beschrieb von sich aus seine damalige Gefühlslage. Als ich ihn fragte, weshalb er auf einen freundlichen Gruß hin derart überreagierte, erzählte er mir von seinen persönlichen Problemen:
>
> „Ich war damals völlig am Ende. Meine Scheidung lief, ich hatte finanzielle Sorgen, und der Kampf um das Sorgerecht für unsere Kinder war in vollem Gange. Allein die Wortwahl ‚Guter Morgen' ließ mich rot sehen, denn mein Morgen war alles andere als gut."
>
> Als ich ihm daraufhin erklärte, dass dieser Gruß eigentlich bedeutet, dass man dem anderen einen guten Morgen wünscht, und dass damit nicht gemeint ist, dass der Morgen an sich schon gut ist, antwortete er: „Das war mir nicht bewusst."

3. Zu viel Mitgefühl kann teuer werden

Andererseits gibt es Leistungsprobleme, die nur auf den ersten Blick durch private Probleme verursacht werden. Beim zweiten Blick kann man erkennen, dass es der Vorgesetzte ist, der zulässt, dass private Sorgen die Leistungen seiner Mitarbeiter beeinträchtigen. Häufig lässt ein Manager den privaten Kummer eines Untergebenen als Entschuldigung für schlechte Leistungen gelten, obwohl er selbst vor kurzem in ähnlichen Schwierigkeiten war und trotzdem perfekt funktionierte. Anders ausgedrückt war nicht das persönliche Problem des Mitarbeiters der Grund für den Leistungsabfall, sondern die Absegnung von oben.

Verständnis, aber mit Maßen

Ein Außendienstmitarbeiter erzählte mir, dass er im Vorjahr auf Grund seiner Scheidung unfähig war, seiner Arbeit nachzugehen. Über einen Zeitraum von drei Monaten hinweg erschien er nicht einmal bei der Arbeit. Als Grund gab der Vertreter an: „Ich konnte nicht arbeiten, weil ich unter Depressionen litt. Meine Scheidung war also die Ursache für meine Arbeitsunfähigkeit, oder?" Ich erklärte ihm, dass eine Therapie bei Depressionen auch Ablenkung durch Arbeit beinhaltet. Bei Licht betrachtet hat sein Vorgesetzter die Depressionen eher verschlimmert, anstatt ihm zu helfen. „Aber ich war wirklich am Ende!" entgegnete er mir.

Ich bat ihn, sich vorzustellen, dass er Besitzer eines Restaurants wäre und ihm eine seiner drei Bedienungen von ihrer Scheidung und ihren Depressionen erzählte und von ihm erwartete, dass sie deswegen die nächsten drei Monate bezahlten Urlaub bekäme. Natürlich wollte er in diesem Fall den Lohn nicht fortzahlen. Als ich ihn nach dem Grund für diese Entscheidung fragte, erklärte er mir: „Ich glaube nicht, dass ich mir das leisten könnte."

Drehen wir nun einmal die Uhr zurück und machen dem Manager des Außendienstmitarbeiters klar, dass er das Gehalt für den dreimonatigen „Sonderurlaub" seines Mitarbeiters aus eigener Tasche zu zahlen habe. Glauben Sie, dass der Manager sich damit einverstanden erklärt hätte? Natürlich nicht, womit wir bei einem der Gründe angelangt sind, weshalb Firmen nicht adäquat auf private Probleme ihrer Mitarbeiter reagieren. Die Manager müssen die Kosten für die Folgen eines Arbeitsausfalls nicht persönlich tragen. Aus diesem Grund fällt es ihnen leicht, sich großzügig zu geben und bei schlechten Leistungen oder Arbeitsunfähigkeit ein Auge zuzudrücken.

Nur wenn ein Manager für diese Kosten die Verantwortung übernimmt, wird aus der Erwiderung „Ich weiß, wie Sie sich fühlen müssen. Nehmen Sie sich halt ein paar Tage frei." die Antwort „Ich kann gut verstehen, wie es Ihnen geht. Ich würde Ihnen ja gerne freigeben, aber das können wir uns nicht leisten. Außerdem brauchen wir Sie gerade jetzt sehr dringend." Die erste Aussage spiegelt zwar das Verständnis des Managers wider, ist aber aus finanziellen Gründen unverantwortlich, während die zweite Verständnis, Verantwortungsgefühl und Realitätsbewusstsein beweist.

4. Eine Gratwanderung: Streng oder nachsichtig reagieren

Natürlich gibt es Situationen, in denen ein Sonderurlaub eines Mitarbeiters gerechtfertigt ist, wie zum Beispiel bei einem Unfall, einer schweren Erkrankung eines Familienmitglieds oder wenn dringende rechtliche Angelegenheiten anstehen. Unnötig zu bemerken, dass es ein gravierender Unterschied ist, ob man sein Kind oder ein Fußballspiel verloren hat. Selbst in Unternehmen, in denen den Mitarbeitern zwei bis vier Tage Sonderurlaub bei einem Todesfall gewährt wird, gibt es strenge Regeln dafür. Normalerweise darf der Mitarbeiter nur dann bezahlten Sonderurlaub antreten, wenn sein Ehepartner, seine Eltern oder ein im Haushalt lebender Angehöriger verstorben ist und nicht, wenn es sich um den Nachbarn, einen ehemaligen Studienkollegen oder das über alles geliebte Haustier handelt.

Achtung: Die Sonderurlaubsregelung bei einem Todesfall verdeutlicht gut, inwieweit ein Unternehmen Menschlichkeit und Verständnis für seine Mitarbeiter zeigen will und wie sich diese Entscheidung in den entsprechenden Kompetenzen des Managers widerspiegeln kann.

Natürlich kann die Firma im Einzelfall nicht nachprüfen, ob ein Mitarbeiter in seinem Sonderurlaub den ganzen Tag im Bett liegt und um seinen Angehörigen trauert oder ob er sich in der Kneipe mit ein paar Bierchen tröstet und sich über ein paar zusätzliche freie Tage freut. Es ist nur festgelegt, wie sich der Manager bei diesem speziellen persönlichen Problem verhalten soll.

Echtes Problem oder nur „Show"

Damit sind wir auch schon bei der zweiten Ursache, warum ein Unternehmen auf persönliche Probleme von Mitarbeitern inadäquat und teilweise sogar unfair regiert. Da es mit Ausnahme des Sonderurlaubs bei einem Todesfall kaum Regeln für den Umgang mit persönlichen Krisen der Angestellten gibt, bleibt es dem Manager überlassen, wie er sich verhält. Manchmal ähnelt sein Gebaren einem Kaiser, der seinem Untertanen Gnade gewährt, in anderen Fällen möchte der Manager um jeden Preis als verständnisvoller, sensibler und hilfsbereiter Vorgesetzter gelten.

Viele Führungskräfte wissen nicht, wann sie die persönlichen Probleme eines Mitarbeiters als tatsächlichen Grund für eine Arbeitsunfähigkeit akzeptieren sollen und wann ein Mitarbeiter trotzdem zur Arbeit erscheinen muss!

Wie darüber reden?

Der dritte Grund, warum viele Manager nicht wissen, wie sie auf den privaten Kummer der Mitarbeiter reagieren sollen, liegt in der Unwissenheit, wie sie dieses Thema überhaupt anschneiden sollen, und in der Verlegenheit, inwieweit sie sich in deren Probleme „einmischen" sollen. Auch hier versuchen sich viele Manager als Hobby-Psychologen.

Manchmal kommt es vor, dass Führungskräfte ihren Mitarbeitern nur dann ihre ungeteilte Aufmerksamkeit schenken, wenn diese mit privaten Problemen zu ihnen kommen. Im siebten Kapitel behandelten wir die Wirkung der positiven Verstärkung. Diese Regel gilt natürlich auch bei unerwünschtem Verhalten.

Achtung: Stößt der Angestellte nur dann bei seinem Vorgesetzten auf offene Ohren, wenn er offensichtlichen Kummer hat, können Sie jede Wette eingehen, dass immer häufiger Gespräche über persönliche Probleme stattfinden werden.

Selbstverständlich kann sich niemand den ganzen Tag auf seine Arbeit konzentrieren. Es gibt nichts, worüber sich nicht während der Arbeitszeit nachdenken lässt, ob dies nun bedrückende Sorgen sind oder freudige Ereignisse. In der Regel wirkt es sich auch nicht nachteilig auf die Arbeitsleistung aus, wenn man zum Beispiel kurz an eine bevorstehende Geburtstagsfeier denkt.

Wichtig ist nur, darauf zu achten, dass es nicht ausartet. Es dürfte Sie kaum Überwindung kosten, den Gedankenflug eines Mitarbeiters mit den Worten „Können Sie sich nun bitte wieder auf Ihre Arbeit und nicht auf Ihr zugegebenermaßen glückliches Liebesleben konzentrieren?" zu bremsen.

Anders verhält es sich, wenn sich ein Mitarbeiter durch negative Erlebnisse ablenken lässt. Den meisten Führungskräften fällt es schwer zu sagen: „Es hat doch keinen Sinn, dauernd über Ihre Scheidung zu grübeln. Konzentrieren Sie sich bitte wieder auf Ihren Job." Doch im Grunde genommen handelt es sich hier um dasselbe Problem: Der Mitarbeiter denkt an alles andere als an seine Arbeit. Nur sind viele Manager der Ansicht, sie hätten zwar das Recht, die Tagträume ihrer Mitarbeiter während der Arbeitszeit zu stören, dürften jedoch nicht eingreifen, wenn es sich um ernste private Sorgen handelt.

5. So kommen Sie dem Problem zuvor

Halten Sie sich vor Augen, dass das Privatleben eine immer größere Rolle spielt und die Anzahl der Ein-Personen-Haushalte kontinuierlich steigt, was zu einer Verschiebung der Prioritäten der Arbeitnehmer führt. So passen etwa ständige Überstunden, längere Geschäftsreisen oder geschäftlich bedingte Umzüge nicht mehr zum modernen Zeitgeist. Andererseits sollte Ihnen aber auch bewusst sein, dass mindestens die Hälfte aller vorgeblich durch private Probleme entstandenen Arbeitsausfälle durch die nachgiebige Handhabung der Manager verursacht wird.

Die privaten Sorgen Ihrer Mitarbeiter lassen sich in zwei Kategorien aufteilen:

- Emotionale Krisen
- Probleme, die Arbeitsunfähigkeit nach sich ziehen

Sie zeigen sich durch untätiges Stieren ins Leere, Teilnahmslosigkeit, ständiges Jammern, Tränen- oder Wutausbrüche und häufiges Zurückziehen in den Aufenthaltsraum oder längere Pausen.

Die zweite Kategorie lässt sich ebenso in zwei Gruppen aufteilen:

- Notfälle
- Privatangelegenheiten

Die plötzliche Erkrankung eines Familienangehörigen, das unverhoffte Ausbleiben der Tagesmutter, eine Autopanne und Ähnliches zählen zu den Notfällen, während die Ummeldung beim Einwohnermeldeamt, der Kauf eines Hauses, der Zahnarzt- oder Rechtsanwaltstermin und so weiter eindeutig zu den Privatangelegenheiten gehören.

> **Werden Sie aktiv!**
>
> - Sie sollten es den Mitarbeitern ermöglichen, sich einmal einen Tag frei zu nehmen, damit sie sich um ihre Privatangelegenheiten wie die Elternsprechstunde in der Schule kümmern oder ihren Augenarzt oder Orthopäden aufsuchen können.
>
>   An sich ist es völlig in Ordnung, wenn Mitarbeiter für derartige Angelegenheiten an manchen Tagen früher gehen oder später anfangen können.
>
>   **Wichtig:** Stellen Sie jedoch klar, dass diese Fehlzeiten wieder aufgeholt werden müssen. Außerdem müssen die Mitarbeiter Ihnen im Voraus mitteilen, wann sie frei haben möchten, und sollten ihre privaten Termine vorzugsweise an Gleittagen und keinesfalls in der Hochsaison oder Stoßzeit wahrnehmen.
>
> - Je nachdem, wie oft Ihre Mitarbeiter dieses Privileg in Anspruch nehmen, müssen Sie diese Tage von ihrem Urlaubsanspruch abziehen. In einigen amerikanischen Unternehmen wird Mitarbeitern pauschal eine bestimmte Anzahl von bezahlten freien Tagen gewährt, unter die sämtliche Fehlzeiten von Arbeitsausfall aus Krankheitsgründen bis Urlaub fallen. Dadurch ersparen sie sich unnötige Diskussionen über bezahlte freie Tage.
>
> - Der Umgang eines Unternehmens mit Notfällen ihrer Angestellten ist von extremer Wichtigkeit. Natürlich „stört" das plötzliche Ausbleiben eines Mitarbeiters den Arbeitsablauf erheblich, doch gerade in Krisensituationen können Sie sich als guter Manager bewähren.

noch: Werden Sie aktiv!

Wichtig: Kümmern Sie sich in einem Notfall möglichst schnell um einen Ersatz, sorgen Sie dafür, dass seine Arbeit nicht liegen bleibt (kümmern Sie sich gegebenenfalls selbst darum), und machen Sie dem Mitarbeiter klar, dass es sich um eine Ausnahmesituation handelt. Er muss wissen, dass von ihm erwartet wird, sein Privatleben möglichst schnell wieder zu ordnen.

- Wie Sie im Einzelfall mit den privaten Sorgen eines Mitarbeiters umgehen, hängt ganz von der Art des Problems und der Persönlichkeit des betroffenen Mitarbeiters ab. Manche Menschen verkriechen sich in Krisenzeiten in ihr Schneckenhaus und keiner, auch Sie nicht, bemerkt, dass etwas nicht in Ordnung ist. Andere wiederum behelligen ihre Kollegen oder Vorgesetzten mit jedem noch so kleinen Problemchen.

- Lassen Sie Ihre Mitarbeiter nicht im Regen stehen, wenn sie sich mit privaten Sorgen an Sie wenden. Ein gutes Gespräch bringt oft viel – gemeinsam kommt man eher auf eine Lösung oder findet sich mit der neuen unbequemen Situation ab, wenn man einsieht, dass sie eben unabänderlich ist.

Wirken sich die privaten Sorgen der Mitarbeiter nicht auf ihre Arbeit aus, haben Sie auch kein Leistungsproblem und können sich – natürlich zeitlich begrenzt – als guter Freund bewähren.

Wichtig: Treten Sie keinesfalls als Eheberater oder Hobby-Psychologe auf, Ihr Scheitern wäre vorprogrammiert. Bei ernsten Problemen sollten Sie Ihren Mitarbeiter dazu bringen, professionelle Hilfe in Anspruch zu nehmen.

- In Situationen, in denen es einfach nicht möglich ist, dem Mitarbeiter frei zu geben, sollten Sie wie folgt vorgehen:

noch: Werden Sie aktiv!

- Lassen Sie sich die Situation genau schildern und helfen Sie Ihrem Mitarbeiter dadurch, dass Sie ihm sagen, wohin er sich mit diesem Problem wenden kann.

- Lässt sich eine private Krise wirklich nicht lösen, haben Sie es im Grunde genommen mit zwei Problemen zu tun: Zum einen die privaten Sorgen Ihres Mitarbeiters und zum anderen seine mangelnden Leistungen oder gar Arbeitsunfähigkeit.

- Machen Sie Ihrem Mitarbeiter dann klar, dass Sie wissen, dass sich sein privates Problem nicht einfach oder schnell lösen lässt, er aber trotzdem seine Arbeit machen muss. So könnten Sie ihm zum Beispiel sagen:

  „Es tut mir leid, dass Ihre Ehe gescheitert ist, und ich kann mir vorstellen, dass Sie länger damit zu kämpfen haben werden. Andererseits können wir es uns nicht leisten, dass Sie über längere Zeit ausfallen, weil ich dann in ernsten Schwierigkeiten stecke. Wenn ich schon nicht Ihr Problem lösen kann, könnten Sie vielleicht versuchen, meines zu lösen?"

- Bitten Sie Ihren Mitarbeiter, Ihnen bei der Lösung des Problems zu helfen, das sich Ihnen auf Grund seiner ungenügenden Leistung stellt. Sie werden überrascht sein, wie positiv die meisten Mitarbeiter auf diese Bitte reagieren.

■ Finden Sie heraus, welche privaten Probleme in Ihrem Unternehmen als „entschuldigte Fehltage" gelten, und stellen Sie sicher, dass in allen Abteilungen dieselben Regeln gelten.

Wichtig: Verfassen Sie einen Verhaltenskatalog, wie Vorgesetzte mit privaten Problemen umgehen sollen, und

noch: Werden Sie aktiv!

- erstellen Sie eine Liste mit möglichen Hilfestellungen oder Adressen von professionellen Beratungsstellen.
- Machen Sie sich klar, dass nicht Sie alleine entscheiden können, welche Notlage als entschuldbar gilt. Im Team gelten für alle dieselben Regeln.

Erfolgs-Tipp:

- Überlegen Sie sich, wie Menschen im Allgemeinen mit Problemen und Sorgen umgehen. Nur die wenigsten können es sich leisten, sich wirklich voll in ihren Kummer zu vergraben. Wer geht denn dann einkaufen oder kümmert sich um die Kinder?
- Exakt dasselbe gilt auch im Berufsleben: Ihre Mitarbeiter müssen ihre Arbeit trotz privater Probleme erledigen. Und genau diese Tatsache müssen Sie ihnen vermitteln.
- Das ist kein herzloser oder gemeiner Vorschlag, sondern ein bewährtes Konzept aus der Psychotherapie.

Es ist einfach nicht zu schaffen 16

1. Unterschätzte Größe:
   Mehr Arbeit als Zeit 154
2. Ungeübt im Zeitmanagement 154
3. So kommen Sie dem Problem zuvor 155

1. Unterschätzte Größe: Mehr Arbeit als Zeit

Auf meine Frage: „Warum tun Ihre Mitarbeiter nicht, was von ihnen erwartet wird?" erhalte ich oft die Antwort: „Weil sie zu wenig Zeit haben."

Wenn ich dann nachfrage: „Heißt das, Sie bürden Ihren Mitarbeitern mehr Arbeit auf, als in der verfügbaren Zeitspanne erledigt werden kann?" lautet die Antwort: „Ja". Das bedeutet also, dass manche Manager von ihren Mitarbeitern erwarten, etwas in zwei Stunden zu erledigen, wofür man eigentlich mindestens drei Stunden braucht. Kein Wunder, wenn das nicht funktioniert, denn das kann ja wirklich niemand schaffen!

2. Ungeübt im Zeitmanagement

Bitte verwechseln Sie dieses Problem nicht mit dem kreativen und innovativen Ansatz, den Mitarbeitern eine völlig neue Arbeit aufzutragen, die vorher noch niemals erfolgreich erledigt werden konnte. In einem solchen Fall weisen Sie nicht einfach Aufgaben zu, sondern führen Brainstorming und andere kreative Managementtechniken durch, um mit Ihren Mitarbeitern Strategien zu entwickeln, die das scheinbar Unmögliche vielleicht doch möglich machen.

Wichtig: Es ist durchaus angebracht, Aufgaben, die bisher nicht realisierbar erschienen, gemeinsam mit den Mitarbeitern zu besprechen und nach geeigneten Lösungen zu suchen.

Unser Problem liegt darin, dass Sie einen Mitarbeiter mit einer Aufgabe betrauen, für die Sie ihm zu wenig Zeit gewähren. Mag sein, dass Sie diese Aufgabe in kürzerer Zeit erledigen könnten und daher der Meinung sind, was Sie können, können andere schließlich auch. Das Problem ist nur, dass Ihr Mitarbeiter es nicht schafft, weil ihm vermutlich die nötige Erfahrung und das erforderliche Wissen fehlen.

Wichtig: Es handelt sich um eine Frage der Schulung. Zeigen Sie Ihrem Mitarbeiter, wie es geht, und geben Sie ihm genug Zeit, sich einzuarbeiten, dann dürfte dieses Problem bald gelöst sein.

3. So kommen Sie dem Problem zuvor

„Es ist nicht zu schaffen" ist einer der Gründe für mangelnde Leistung, die nur sehr selten genannt werden. In meiner Tätigkeit als Manager und Consultant bin ich mit diesem Problem bisher kaum konfrontiert worden, doch als professioneller Manager sollten Sie zumindest wissen, dass es Ihnen begegnen kann.

Werden Sie aktiv!

- Können Ihre Mitarbeiter die gestellte Aufgabe tatsächlich nicht erledigen, sollten Sie ihnen eine andere Aufgabe zuweisen. Im Grunde genommen haben Sie gar keine andere Wahl.
- Setzen Sie Ihre Ressourcen grundsätzlich so ein, dass jeder Mitarbeiter gute Arbeit leisten kann.

Vorausschauend planen – Leistung optimieren

17

1. Leider wahr:
   Defizite im Management 158

2. Vorbeugende Wartung:
   Die Luftfahrt macht's vor 160

3. Managen heißt „eingreifen" 162

4. Voraussicht, damit Sie nicht
   das Nachsehen haben 163

1. Leider wahr: Defizite im Management

Wenn ich Sie nun, gegen Ende des Buches, frage, warum Arbeitnehmer nicht das tun, was von ihnen erwartet wird, werden Sie mir vermutlich antworten, dass schlechtes Management dafür verantwortlich ist. Im Grunde genommen lassen sich mit Ausnahme der Punkte, die wir unter „Persönliche Schwierigkeiten", „Persönliche Grenzen" und „Es ist nicht zu schaffen" besprochen haben, nahezu alle anderen Gründe für schlechte Leistung unter dem Stichwort „schlechtes Management" zusammenfassen.

Selbst ein Absinken der Leistungen auf Grund von persönlichen Problemen ließe sich in vielen Fällen vermeiden, wenn Manager endlich akzeptieren, dass private Sorgen zwar Grund genug sind, sich schlecht zu fühlen, aber keinesfalls ein Grund, um schlecht zu arbeiten. Auch an Fehlern oder schlechten Leistungen, die auf Grund persönlicher Leistungsgrenzen entstehen, tragen Führungskräfte eine gewisse Teilschuld. Schließlich sind es ja in erster Linie Manager, die Personal einstellen oder fördern.

Analysen haben gezeigt, dass 80 Prozent aller Fälle, in denen persönliche Schwächen als Grund für mangelhafte Leistungen angegeben werden, auf andere, bereits besprochene Ursachen zurückzuführen sind!

Das Zauberwort: Feedback

Auch müssen Sie als Manager dafür sorgen, dass die Tätigkeiten Ihrer Mitarbeiter unmittelbar erkennbare und produktive Konsequenzen nach sich ziehen. Ein Manager stellte mir in einem Seminar einmal folgende Frage: „Wie kommt es, dass unsere Mitarbeiter nach der Arbeit völlig erschöpft nach Hause gehen und dann mit einer Energie und Begeisterung, die während der Arbeit leider fast nie zu beobachten ist, Fußball spielen?"

Meine Antwort lautete: „Weil sie beim Fußball direktes Feedback erhalten und den Handlungen unmittelbare Konsequenzen folgen." Bei fast allen Sportarten folgen den Handlungen innerhalb kürzester Zeit Feedback sowie positive und negative Verstärker. In der Arbeitswelt dagegen findet man kaum unmittelbare positive oder negative Verstärkung bezüglich einer bestimmten Tätigkeit, und nur wenige Führungskräfte geben ihren Mitarbeitern das erforderliche Feedback.

Erfolgs-Tipp:

Möchten Sie, dass sich Ihre Mitarbeiter in der Arbeit genauso engagieren wie in ihrer Freizeit, lautet die goldene Regel: Feedback und häufige positive Verstärkung erwünschter Handlungen.

Wenn also die Ursachen für mangelhafte Arbeitsleistungen in den meisten Fällen auf schlechtes Management zurückzuführen sind, liegt die Lösung auf der Hand: Man braucht gute Managementtechniken, die diese Ursachen beheben oder gar nicht erst aufkommen lassen. Da diese Lösung so offensichtlich ist, fragen Sie sich sicherlich, warum Manager dann nicht einfach geeignete Maßnahmen ergreifen, um den Ursachen für schlechte Arbeitsleistung vorzubeugen. Ein Grund dafür ist, dass sich Manager meist nicht über die spezifischen Ursachen für schlechte Arbeitsleistung bewusst sind, da sie Leistungsmängel viel zu oberflächlich betrachten und mit Allgemeinplätzen wie „Sie haben den Dreh einfach nicht heraus" beschreiben. Ein weiterer Grund ist, dass Manager sich bei der Untersuchung von Leistungsdefiziten oft nur auf einen oder zwei Aspekte beschränken: „Meine Mitarbeiter sind nicht motiviert" oder „Meine Mitarbeiter sind nicht qualifiziert". Insbesondere der Begriff „Motivation" wird in der Geschäftswelt oft missverstanden und überstrapaziert, wenn es um Leistungen von Arbeitnehmern geht.

Nichts ist selbstverständlich

Als weitere Ursache von mangelhaften Leistungen gilt die falsche Einschätzung der Manager über Ursache und Wirkung menschlichen Handelns. Wenn wir zum Beispiel unsere Kursteilnehmer darüber aufklären, dass ein Lob oder ein einfaches „Dankeschön" für die gute Leistung eines Mitarbeiters ihn dazu anspornt, auch in Zukunft sein Bestes zu geben, ist die erstaunte Reaktion vieler Manager häufig: „Wieso soll ich meinen Mitarbeitern danken, wenn sie ihren Job erledigen? Schließlich bezahle ich sie dafür!" Die Antwort liegt doch auf der Hand: „Damit Ihre Mitarbeiter auch wirklich das tun, wofür sie bezahlt werden." Viele Manager unterliegen dem Irrglauben, es sei völlig überflüssig, etwas dafür zu tun, dass Mitarbeiter tun, wofür sie bezahlt werden.

Dieser Irrglaube beruht auf der vorherrschenden, aber nie bewiesenen Theorie, dass sich mit dem richtigen Mann am richtigen Platz der Erfolg automatisch einstellt, denn schließlich hat der entsprechende Mitarbeiter ja studiert oder eine Ausbildung gemacht. Wäre diese Theorie richtig, bräuchte man nur im Personalbüro einige Spitzenkräfte und könnte auf viele Manager verzichten. Es ist immer wieder erstaunlich, wie viele intelligente Menschen an so eine unrealistische Theorie glauben. Diese Einstellung hat nichts mit gutem Management zu tun, das Einzige, was ich darin erkennen kann, ist das Prinzip Hoffnung.

2. Vorbeugende Wartung: Die Luftfahrt macht's vor

In der Vergangenheit wurden Maschinen und Geräte nach der gleichen Vorstellung gehandhabt, nur um nach einiger Zeit zu der Erkenntnis zu gelangen, dass es eine unsinnige Vorgehensweise war. In den frühen Jahren des maschinellen Produktionszeitalters wurden die besten Maschinen gekauft, die dann ununterbrochen liefen, bis sie ihren Geist aufgaben. Erst später erkannte man, dass

Stillstandszeiten von Maschinen zwangsläufig einen Produktionsausfall bedeuteten. Mit einer funktionsuntüchtigen Maschine kann kein Arbeiter etwas produzieren, dennoch muss er weiter bezahlt werden. Allmählich wurde daher ein Wartungskonzept entwickelt, das unter dem Namen vorbeugende Wartung bekannt ist. Man hatte nämlich festgestellt, dass durch die kurzzeitige Abschaltung von Maschinen für regelmäßige Wartungsarbeiten, wie zum Beispiel Schmier- oder Einstellarbeiten, unvorhergesehene längere Ausfallzeiten vermieden werden konnten. Insbesondere in der Luftfahrt ist die vorbeugende Wartung der Flugzeuge die einzige Möglichkeit, ein Flugzeug ohne Gefährdung von Menschenleben in funktionstüchtigem Zustand zu halten.

So üblich diese Praxis heutzutage auch ist, gibt es dennoch Manager, die nichts von vorbeugender Wartung in ihrer Abteilung halten, da sie sich beim besten Willen keinen noch so kurzzeitigen Produktionsstopp leisten können. Eine Milchmädchenrechnung – schließlich riskieren sie so einen ganz erheblichen Produktionsausfall zu einem späteren Zeitpunkt.

Vorbeugende Wartung ist ein aktiver Eingriff, mit dem die dauerhafte Leistungsfähigkeit von Maschinen und Geräten gewährleistet werden soll. Der Eingriff wird von einem Techniker vorgenommen, der die mechanischen Elemente überprüft, Werkzeuge, Drehzahl und Materialzufuhr einstellt, und somit die optimale Maschinenleistung sicherstellt. Regelmäßige Wartung hält die Dinge am Laufen. Wir haben festgestellt, dass dieser praktische Ansatz, mit Dingen umzugehen, sich in Form des vorausschauenden Managements auch für den effektiven Umgang mit Menschen und deren Arbeitsleistung anbietet.

Erfolgs-Tipp:
Vorausschauendes Management ist der aktive Eingriff in wesentliche Faktoren eines bestimmten Arbeitsumfeldes, um ein bestimmtes Ergebnis zu erzielen, das ohne diese Intervention nicht zustande käme.

3. Managen heißt „eingreifen"

Damit Manager erfolgreich arbeiten können, müssen sämtliche Theorien und Philosophien über das Management als praktische Anweisungen formuliert werden, die sich auf das Arbeitsverhalten der Belegschaft auswirken können.

Managen sollte ebenso als Eingriff betrachtet werden wie die mechanische Wartung, das Kuchenbacken oder das Dirigieren eines Orchesters, Tätigkeiten, die ein gewünschtes Ergebnis sicherstellen. Ohne das Eingreifen des Bäckers blieben sämtliche Zutaten in der Verpackung. Erst durch die Aktivität des Bäckers, dem Mischen der Zutaten im bestimmten Verhältnis, und dem anschließenden Backen im Ofen entsteht letztendlich der gewünschte Kuchen. Ein Orchester ist ohne Eingreifen des Dirigenten nicht in der Lage, ein Konzert zu geben, obwohl jeder Musiker die Noten lesen kann. Sie benötigen jemanden, der ihnen während der Proben und bei der Aufführung – im wahrsten Sinn des Wortes – den Takt angibt.

Management als Intervention bedeutet: Manager müssen bestimmte Dinge zu einem bestimmten Zeitpunkt tun, um so die Leistungen ihrer Mitarbeiter zu steuern. Wie für den Bäcker gilt auch für den Manager: Erfolgt zum richtigen Zeitpunkt nicht die richtige Aktion in der richtigen Reihenfolge, oder tut er des Guten zu viel oder zu wenig, erfüllt das Ergebnis nicht die Erwartungen. Ganz besonders deutlich wird dies, wenn Sie sich die Gründe für mangelhafte Leistungen und die dazu passenden vorbeugenden Maßnahmen vor Augen halten. So ist es bei der Besetzung einer freien Stelle sicherlich wichtig, den richtigen Mitarbeiter einzustellen. Weitaus wichtiger ist jedoch, dass der Manager nach der Einstellung aktiv in die arbeitsbezogenen Faktoren eingreift, die sicherstellen, dass die erwartete Arbeitsleistung auch erbracht wird. Ähnlich wie beim Backen und Dirigieren die besten Zutaten und Musiker nicht automatisch den besten Kuchen oder das beste Konzert garantieren, erbringen auch in der Arbeitswelt die besten Mitarbeiter nicht automatisch Spitzenleistungen.

> **Erfolgs-Tipp:**
>
> Und hier die gute Nachricht: Es gibt nur sechzehn verschiedene Gründe für schlechte Leistungen, egal welche Anforderungen es im Job zu erfüllen gilt, und es ist so gut wie ausgeschlossen, dass sie alle gleichzeitig für einen Mitarbeiter gelten. Wenn es Ihnen gelingt, mit den Ursachen aufzuräumen, werden Sie mit optimalen Leistungen belohnt.

4. Voraussicht, damit Sie nicht das Nachsehen haben

Als wir uns daran machten, ein System zu entwickeln, mit dem sich all diese Gründe für schlechte Leistungen eliminieren lassen, stellten wir fest, dass manche ausschließlich vor Arbeitsbeginn und manche ausschließlich danach auftreten. Somit dürfte klar sein, dass Sie als Manager die Gründe für Leistungsmängel beseitigen müssen, die vor Arbeitsbeginn vorhanden sind, um nicht mit denjenigen konfrontiert zu werden, die danach auftreten.

In folgender Tabelle sind die möglichen Gründe für mangelhafte Leistungen am Arbeitsplatz entsprechend aufgegliedert.

Warum Mitarbeiter nicht tun, was erwartet wird	
Vor Arbeitsbeginn	
V-1	Sie wissen nicht, was von ihnen erwartet wird.
V-2	Sie wissen nicht, wie es geht.
V-3	Sie wissen nicht, warum sie etwas tun sollten.
V-4	Sie sind davon überzeugt, dass Ihre Methode nicht funktioniert.
V-5	Sie denken, ihre eigene Methode wäre besser.

noch: Warum Mitarbeiter nicht tun, was erwartet wird

V-6	Sie glauben, etwas anderes sei wichtiger.
V-7	Sie befürchten negative Konsequenzen ihrer Handlungen.
V-8	Persönliche Probleme
V-9	Persönliche Grenzen
V-10	Sie stoßen auf Hindernisse, die außerhalb ihres Einflussbereichs liegen.
V-11	Es ist nicht zu schaffen.
Nach Arbeitsbeginn	
N-1	Sie sind davon überzeugt, dass sie den Erwartungen entsprechen.
N-2	Es gibt keine positive Verstärkung ihres Handelns.
N-3	Sie stoßen auf Hindernisse, die außerhalb ihres Einflussbereichs liegen.
N-4	Sie glauben, etwas anderes sei wichtiger.
N-5	Sie rechnen mit Strafen, wenn sie tun, was von ihnen erwartet wird.
N-6	Sie werden dafür belohnt, dass sie etwas nicht tun.
N-7	Schlechte Leistungen haben keinerlei negative Konsequenzen.
N-8	Persönliche Probleme

Die drei Punkte „Persönliche Schwierigkeiten", „Mitarbeiter glauben, etwas anderes sei wichtiger" und „Hindernisse, die außerhalb ihres Einflussbereichs liegen" sind bewusst in beiden Kategorien vertreten. Selbstverständlich können persönliche Schwierigkeiten immer und überall auftreten. Auch gegen Hindernisse, die einem plötzlich den Weg verstellen, ist kein Kraut gewachsen. Jeder von uns weiß, dass sich die Prioritäten verschieben können, wenn man schon mitten in der Arbeit steckt. Es kann jedem Mitarbeiter passieren, dass er zu Arbeitsbeginn genau weiß, wie die Prioritäten gesetzt sind, er jedoch auf Grund von Anforderungen, die von verschiedenen Seiten an ihn herangetragen werden, nicht mehr beurteilen kann, welche Aufgabe zu welcher Zeit oberste Priorität genießt.

Richtig planen schafft Vorsprung

Die Strategie des vorausschauenden Managements ist, den Gründen für schlechte Arbeitsleistung vor und nach Arbeitsbeginn bereits im Vorfeld entgegenzuwirken. Wie aus der zweiten Tabelle auf Seite 166 ersichtlich, sind die möglichen Managementmaßnahmen in zwei Kategorien gegliedert. Alles, was unter „Vor Arbeitsbeginn" steht, müssen Sie erledigt haben, bevor Ihre Mitarbeiter bereits mitten in der Arbeit stecken. Besprechen Sie also alle kritischen Punkte mit Ihren Mitarbeitern, bevor sie mit der Arbeit beginnen, das heißt, praktizieren Sie Arbeitsplanung.

Die Arbeitsplanung gehört zum vorausschauenden Management und findet statt, bevor das eigentliche Projekt in Angriff genommen wird. Dazu ist einiges mehr erforderlich, als Ihren Mitarbeitern eine Aufgabe mit den Worten „Das muss bis zum 30. dieses Monats fertig sein. Lassen Sie es mich wissen, wenn es ein Problem gibt." zuzuteilen. Wie genau Sie ein Projekt oder eine Aufgabe besprechen müssen, hängt davon ab, wie wichtig das Ergebnis der Tätigkeit ist. Wiederholen sich Aufgaben und Projekte häufig, kann Punkt V-1 der Arbeitsplanung wahrscheinlich in wenigen Minuten abgehakt werden: Projektbeginn, Projektende und erwartetes Ergebnis.

Bei einem größeren oder völlig neuem Projekt umfasst die Arbeitsplanung meist sämtliche Punkte von V-1 bis V-11 aus der zweiten Tabelle auf dieser Seite. Denken Sie daran, Ihren Mitarbeitern während der Arbeitsplanung genau zuzuhören, sonst entgehen Ihnen vielleicht Nachfragen und Einwände wie „Warum sollen wir diese Aufgabe erledigen?", „Das gehört aber nicht zu meinem Job", „Das funktioniert so bestimmt nicht" und „Ich habe Wichtigeres zu tun". Inzwischen wissen Sie ja, wie wichtig es ist, diese Einwände ernst zu nehmen und zu klären, anstatt sie wie bisher als „faule Ausreden" abzutun.

Checkliste: Vorausschauendes Management
Was Sie erledigen müssen, *bevor* Ihre Mitarbeiter mit der Arbeit beginnen
V-1 Erklären Sie ihnen, was Sie von ihnen erwarten.
V-2 Fragen Sie nach, ob sie wissen, wie sie vorgehen sollen.
V-3 Erklären Sie, warum die Aufgabe erledigt werden muss.
V-4 Überzeugen Sie sie, dass Ihre Methode die richtige ist und funktionieren wird.
V-5 Begründen Sie, weshalb die Methode ihrer Mitarbeiter nicht besser als die Ihrige ist.
V-6 Legen Sie die Prioritäten fest.
V-7 Machen Sie klar, dass keine unangenehmen Folgen drohen, wenn etwas ausprobiert wird.
V-8 Berücksichtigen Sie persönliche Probleme Ihrer Mitarbeiter, sofern möglich, oder teilen Sie die Aufgaben anders ein.
V-9 Vergewissern Sie sich, dass niemand an seine persönlichen Grenzen stößt und überfordert ist.
V-10 Stellen Sie sicher, dass Ihre Mitarbeiter nicht auf unüberwindliche Hindernisse stoßen.
V-11 Prüfen Sie nach, ob die Arbeit tatsächlich erledigt werden kann.

noch: Checkliste: Vorausschauendes Management

Was Sie erledigen müssen, *nachdem* Ihre Mitarbeiter mit der Arbeit begonnen haben

N-1 Geben Sie wiederholt eindeutiges Feedback.

N-2 Loben Sie Ihre Mitarbeiter häufig und ausdrücklich für gute Leistungen.

N-3 Räumen Sie alle Steine aus dem Weg oder erklären Sie Ihren Mitarbeitern, wie sie Hindernisse überwinden können.

N-4 Legen Sie die Prioritäten fest.

N-5 Schaffen Sie negative Folgen für gute Leistungen ab oder gleichen Sie diese durch positive Verstärker aus.

N-6 Sorgen Sie dafür, dass schlechte Leistungen nicht belohnt werden.

N-7 Bestrafen Sie schlechte Leistungen nur, wenn Ihr Mitarbeiter über einen längeren Zeitraum mangelhafte Leistungen zeigt (progressive Disziplinierung).

N-8 Berücksichtigen Sie persönliche Probleme Ihrer Mitarbeiter, sofern möglich, oder teilen Sie die Aufgaben anders ein.

Follow-up: Qualitätsprüfung und Leistungskontrolle

In der Kategorie „Was Sie erledigen müssen, nachdem Ihre Mitarbeiter mit der Arbeit begonnen haben" wird genau beschrieben, wie Sie ein gutes Leistungsniveau aufrecht erhalten können. In Fachkreisen nennt man diesen Vorgang „Follow-up".

Es bedeutet nachzuprüfen, ob die Mitarbeiter zu jedem Zeitpunkt tatsächlich tun, was von ihnen erwartet wird.

Follow-up wird auch als „Leistungsprüfung" oder „Kontrolle" bezeichnet und häufig vernachlässigt, da entweder die Zeit fehlt oder nicht der Eindruck erweckt werden soll, man misstraue den Mitarbeitern. Doch das Follow-up gehört zum vorausschauenden Management und findet statt, nachdem das eigentliche Projekt in Angriff genommen wurde, siehe Tabelle auf Seite 166 und 167, N-1 bis N-8.

Achtung: Falls Sie das Follow-up bezüglich der Arbeitsleistung Ihrer Mitarbeiter vernachlässigen, werden Sie Ihrer Tätigkeit als Manager in einem wesentlichen Punkt nicht gerecht.

Durch das Follow-up wird Folgendes sichergestellt:

- Das erwünschte Leistungsniveau bleibt erhalten.

    N-2   Loben Sie Ihre Mitarbeiter.

- Die Leistung wird gesteigert (sofern erforderlich).

    N-1   Geben Sie wiederholt eindeutiges Feedback.

    N-3   Räumen Sie Hindernisse aus dem Weg.

    N-4   Legen Sie die Prioritäten fest.

    N-5   Schaffen Sie negative Folgen für gute Leistungen ab.

    N-6   Sorgen Sie dafür, dass schlechte Leistungen nicht belohnt werden.

    N-7   Bestrafen Sie schlechte Leistungen.

    N-8   Berücksichtigen Sie persönliche Probleme Ihrer Mitarbeiter, sofern möglich.

Achtung: Bitte beachten Sie, dass die wichtigen Punkte N-1, N-2 und N-5 aus der zweiten Tabelle nicht erfolgen können, wenn Sie als Manager nur dann eingreifen, wenn Probleme auftreten. Damit sollte klar sein, dass das Follow-up-Verfahren keine untergeordnete Rolle spielt, sondern sehr häufig erfolgen sollte. Leider ist es gängige Praxis, dass die meisten Manager erst dann ein Follow-up oder eine Leistungskontrolle durchführen, wenn sie durch Probleme aufgeschreckt werden.

> **Erfolgs-Tipp:**
> Das Follow-up muss regelmäßig durchgeführt werden, um die Leistungen der Mitarbeiter konstant zu halten, selbst wenn alle Aufgaben zufrieden stellend erledigt werden.

Wenn Sie erst dann eingreifen, wenn Schwierigkeiten auftreten, das heißt, auf Probleme reagieren, sind Sie immer einen Schritt hinterher. Wenn Sie jedoch die Tätigkeiten Ihrer Mitarbeiter kontinuierlich mitverfolgen, sie unterstützen und gute Leistungen positiv verstärken, greifen Sie gemäß dem Prinzip des vorausschauenden Managements ein und verhindern, dass Fehler und Leistungsdefizite entstehen können. Dieser Managementansatz sorgt für erheblich weniger Probleme, die auf Grund mangelhafter Leistungen auftreten.

Da vorausschauendes Management grundsätzlich mit einem nicht unerheblichen Zeitaufwand verbunden ist, sollten Sie diese Maßnahme nur dann einsetzen, wenn die Leistung der Mitarbeiter ein kritischer Faktor ist. Wie kritisch sich Leistungsdefizite im Unternehmen auswirken, lässt sich beispielsweise beurteilen, indem Sie den möglichen Schaden auf Grund mangelnder Leistungen beziffern. Sind diese Kosten vernachlässigbar, sollten Sie keine Zeit für die Behebung dieser Leistungsmängel verschwenden. Kommt ein Mitarbeiter zum Beispiel zu spät zur Arbeit, ohne dass sich dies nachteilig auf seine Leistung oder die der Kollegen auswirkt, lohnt sich der Zeitaufwand für Sie nicht, sich darum zu kümmern. Bietet Ihr Unternehmen ein einmaliges und konkurrenzloses Produkt an, das bei den Kunden reißenden Absatz findet, egal, wie schlecht der Kundendienst ist, können Sie sich die Zeit sparen, die Leistungen der Kundendienstmitarbeiter zu verbessern.

Ganz anders sieht es aus, wenn sich die Unpünktlichkeit Ihres Mitarbeiters nachteilig auf die Produktion auswirkt oder der schlechte Kundendienst Ihre Kunden vergrault und diese lieber bei der Konkurrenz einkaufen. In diesen Fällen sollten Sie sehr viel Zeit für das Management der Mitarbeiterleistungen aufwenden. Wie bereits erläutert, hat ein gutes Management nichts mit Glück oder Zufall zu tun, sondern zeichnet sich durch konkrete, proaktive Eingriffe aus, die sich direkt auf die Arbeitsleistungen der Mitarbeiter auswirken.

Erfolgs-Tipp:

Der sehr positive Stand der Dinge ist also: Sobald Sie alle Gründe für mangelhafte Leistungen Ihrer Mitarbeiter ausgemerzt haben, führt dieser Zustand unweigerlich zu guten Leistungen.

Mit Freundlichkeit schneller zum Ziel

18

1. Gute Manager tun es oft: Freundlich sein 172
2. Nett sein ist nicht schwer 173

1. Gute Manager tun es oft: Freundlich sein

Es gibt einen ganz wesentlichen Faktor, über den Sie selbst bestimmen können und der Ihren beruflichen Erfolg entscheidend beeinflusst. Zwar hat uns bisher noch kein Manager von diesem Faktor berichtet, aber wir konnten ihn schon oft in Aktion beobachten. Effiziente Manager verwenden ihn häufig, weniger effiziente nur selten. Wir nennen diesen Faktor „Freundlichkeit".

Natürlich haben Sie schon davon gehört, dass der Erfolg eines Managers direkt von seiner Beziehung zu Mitarbeitern, Kollegen und Vorgesetzten abhängt. Das ist wahr. Bei der Analyse dieser Beziehungen stellte sich heraus, dass jede zu einem Teil geschäftlicher, zum anderen Teil persönlicher Natur ist. Zu Letzterer gehört der Faktor Freundlichkeit. Es sind vor allem die kleinen, netten Dinge, die den Unterschied zwischen einem guten und einem weniger guten Manager ausmachen.

Verstehen Sie mich nicht falsch: Unter Freundlichkeit verstehe ich keinesfalls, dass Sie der beste Kumpel Ihrer Mitarbeiter sein sollten, über schlechte Leistungen hinweg sehen, immer Verständnis für privaten Kummer haben, sie zu sich einladen, ihnen Geld leihen oder sie tun lassen, was sie wollen. Nein, ich meine die kleinen Dinge, in denen sich Höflichkeit und Respekt widerspiegeln.

- Sagen Sie „Bitte" und „Danke".
- Schauen Sie Ihren Gesprächspartnern in die Augen und machen Sie ein freundliches Gesicht.
- Grüßen Sie Ihre Gesprächspartner, bevor Sie mit ihnen über die Arbeit sprechen.
- Kommen Sie pünktlich zu vereinbarten Terminen, damit niemand seine Zeit vergeuden muss, um auf Sie zu warten.
- Behandeln Sie Mitarbeiter, die Sie in Ihrem Büro aufsuchen, wie willkommene Gäste. Lassen Sie sie nicht warten, und

schenken Sie ihnen Ihre ungeteilte Aufmerksamkeit. Bitten Sie um Verständnis, wenn Sie noch kurz etwas anderes erledigen müssen, bevor Sie sich um sie kümmern können.

- Entschuldigen Sie sich, wenn Sie zu einer Besprechung zu spät kommen oder ein Meeting stören müssen.
- Bleiben Sie höflich und sorgen Sie dafür, dass Ihre Arbeitsbesprechungen nicht durch belanglose Anrufe gestört werden.
- Unterhalten Sie sich mit Ihren Mitarbeitern, anstatt ihnen Vorträge zu halten. Fallen Sie Ihren Mitarbeitern nicht ins Wort.
- Beherrschen Sie sich, auch wenn Sie aufgebracht sind. Es steht Ihnen nicht zu, Ihre Mitarbeiter anzuschreien oder sie zu beleidigen.
- Sarkasmus hat am Arbeitsplatz nichts verloren.
- Bringen Sie sich nichts zum Essen oder Trinken in Besprechungen mit, es sei denn, jeder genießt dieses Privileg.

Es wird Ihnen sicherlich nicht schwer fallen, sich an diese Punkte zu halten.

2. Nett sein ist nicht schwer

Zum Thema „Freundlichkeit" gehört auch, dass Sie Interesse an Ihren Mitarbeitern bekunden und versuchen, Sie als Menschen kennen zu lernen. Wir erlebten oft, dass sich ein Manager nach den persönlichen Interessen, Hobbys und Freizeitaktivitäten sowie dem Wohlbefinden der Familie seiner Angestellten erkundigte, jemandem zum Geburtstag gratulierte oder sich mit einem Mitarbeiter über das bestandene Abitur seiner Tochter, das neue Auto oder Heim freute. Meistens dauerten diese Gespräche nur wenige Minuten oder bestanden auch nur aus einem einzigen Satz wie „Ich hoffe, Sie hatten gestern einen schönen Bowling-Abend" oder „Ich drücke Ihrer Tochter für den morgigen Wettkampf die Daumen." Es schien auch in keinem Fall wichtig, wie lange die Unterhaltung dauerte. Was zählte, war, dass der Manager um ein bestimmtes Ereignis aus dem Privatleben seines Mitarbeiters wusste und sich die Zeit nahm, es kurz anzusprechen.

Für den flüchtigen Beobachter ist der Faktor Freundlichkeit als Managementmittel nicht explizit zu erkennen, da effektive Manager nicht abrupt von der geschäftlichen auf die persönliche Ebene umschalten. Bei effektiven Managern ist der freundliche Umgang mit anderen bei allen geschäftlichen Aktivitäten eine Selbstverständlichkeit. Sie wirken einfach wie durchweg sympathische Menschen. Sie geizen nicht mit Lächeln, verkomplizieren die Dinge nicht unnötig, sind höflich und rücksichtsvoll – und wirken dabei völlig natürlich.

Freundlich – nicht nur zu Hause

Bedauerlicherweise gibt es auch Manager, die in der Ausübung ihrer Tätigkeit alles andere als freundlich sind. Diese Menschen pflegen meist nicht einmal mit der Familie oder den Nachbarn einen freundlichen Umgang. Es gibt Menschen, die einzig und allein für ihren Hund ein freundliches Wort übrig haben. Andere Manager wiederum sind zwar im Privatleben die Freundlichkeit in Person, wechseln aber anscheinend ihre Persönlichkeit, sobald sie ihr Büro betreten. Wenn ich Manager, die sich so verhalten, darauf anspreche, sagen sie: „Sie haben Recht; ich weiß auch nicht, was über mich kommt, sobald ich in der Arbeit bin. Wahrscheinlich bin ich einfach zu beschäftigt, um freundlich zu sein." Nun, eigentlich sollte es genau anders herum sein: Das Einzige, was während der Arbeit über Sie kommen sollte, ist eine freundliche und sympathische Ausstrahlung.

Freundliche Manager sind erfolgreicher

Möchten Sie noch mehr Erfolg haben als bisher? Dann pflegen Sie einen freundlichen Umgang mit Ihren Mitarbeitern. Ein Lächeln kostet weder Zeit noch Geld. Während einer Schulung gestand mir ein Manager: „Ich bin nicht unbedingt die Freundlichkeit in Person. Wie kann ich das ändern?" Ich gab ihm folgenden Rat: „Stellen Sie sich mehrmals täglich vor, jeder Mitarbeiter wäre ein Millionär, der es eigentlich gar nicht nötig hätte, für Sie zu arbeiten. Aus diesem Grund sollten Sie so freundlich wie möglich sein, denn sonst hagelt es Kündigungen." Gesagt, getan: Besagter Manager malte sich dieses Bild jeden Morgen auf dem Weg vom Parkplatz zu seinem Arbeitsplatz aus und erinnerte sich so daran, sich bei seinen Mitarbeitern regelmäßig zu bedanken oder sie um etwas zu bitten, anstatt es ihnen zu befehlen.

Doch so wichtig Freundlichkeit auch ist, möchte ich Sie ausdrücklich darauf hinweisen, dass ein freundlicher Umgangston keinesfalls ein schlechtes Management ausgleicht. Ich kenne effiziente Manager, die noch erfolgreicher sein könnten, wenn sie an ihren Umgangsformen feilen würden. Aber ich kenne keinen Fall, bei dem ein freundliches Verhalten einen schlechten Managementstil ausgeglichen hätte.

Erfolgs-Tipp:

- Gute und freundliche Manager sind erfolgreicher als gute und unfreundliche. Schließlich macht der Ton die Musik.

- Ein freundlicher Umgang mit Mitarbeitern ist ein Weg, deren Leistungen konstant auf einem hohen Niveau zu halten.

Vorausschauendes Management: Ein Gespräch 19

1. Am Anfang steht der Manager ... 178
2. Durch Coaching zu besseren Leistungen 179
3. Gibt es eine „falsche Einstellung"? 179
4. Wie steht's mit der Motivation? .. 181
5. Unzufriedenheit: Ein Symptom, kein Problem 185
6. Arbeiten: Nicht nur für Ruhm und Ehre 189
7. Ermahnung: Manchmal muss es sein 190
8. Stellenbeschreibung: Je genauer, umso effektiver 191
9. Teamarbeit: Die Firma im Kleinen . 191
10. Kompetenzen und Entscheidungsbefugnis 193
11. Managen: Eine Vertrauenssache? 194

1. Am Anfang steht der Manager

Frage: Es scheint so, als würden sämtliche Gründe für schlechte Leistungen ausschließlich davon abhängen, was der Manager tut oder unterlässt. Wird ihm da nicht zu viel Verantwortung für die Leistungen des Einzelnen aufgebürdet?

Antwort: Wenn es um Verantwortlichkeiten ginge, könnten Sie einfach eine Tabelle erstellen und jedem Einzelnen seinen Anteil an Verantwortung zuweisen. Wenn es aber um Problemlösungen geht, stellt sich die Frage, wer was zu tun hat, um das Problem zu lösen. Stellen Sie sich doch einmal ein Unternehmen mit einem Vorgesetzten und einem Mitarbeiter vor. Leistet der Mitarbeiter schlechte Arbeit, muss man sich doch fragen, wer als Erster handeln muss, um dieses Problem zu lösen. Natürlich muss der Mitarbeiter seinen Job gewissenhaft erledigen, doch wer ist wohl dafür zuständig, die wesentlichen Faktoren des Arbeitsumfeldes zu verändern, die sich nachteilig auf die Arbeitsleistung auswirken? Wenn Mitarbeiter schlechte Arbeit leisten, hat der Manager am meisten zu verlieren. Dafür kassiert er aber auch die Lorbeeren, wenn seine Mitarbeiter gute Arbeit leisten. Da das Management an sich eine Form des Eingreifens ist, muss natürlich auch der Manager derjenige sein, der eingreift und die Voraussetzungen schafft, dass seine Mitarbeiter gute Arbeit leisten können. Zerbrechen Sie sich nicht den Kopf über Verantwortung und Zuständigkeiten, sondern überlegen Sie sich, wer bei einem Problem den ersten Schritt unternehmen muss. Die Antwort lautet: Der Chef.

Frage: Im Klartext bedeutet dies aber doch, dass der Chef sich um alles kümmern muss, oder?

Antwort: Nein, nicht um alles. Der Vorgesetzte ist dafür verantwortlich, Mitarbeiter einzustellen, zu schulen und zu guter Arbeit anzuleiten. Leistet ein Mitarbeiter schlechte Arbeit, ist es die Aufgabe des Managers, dieses Fehlverhalten zu korrigieren. Bessert sich die Leistung daraufhin nicht, kann der Manager den Mitarbeiter entlassen. Mitarbeiter werden dafür bezahlt, dass sie ihre Arbeit erledigen, Manager, dass sie dafür sorgen, dass ihre Mitarbeiter gute Arbeit leisten.

2. Durch Coaching zu besseren Leistungen

Frage: Was passiert, wenn ein Manager alle Gründe für schlechte Arbeitsleistung beseitigt hat, die Mitarbeiter aber dennoch keine gute Arbeit leisten?

Antwort: In diesem Fall steht als nächstes ein so genanntes Coaching an, das heißt, eine Art Nachhilfestunde. Was das ist und wie das geht, können Sie in meinem Buch „Coaching for Improved Work Performance" nachlesen. Wenn auch das nicht funktioniert, können Sie den Mitarbeiter versetzen, herunterstufen, entlassen oder sich mit der Situation abfinden.

3. Gibt es eine „falsche Einstellung"?

Frage: Sie behaupten, dass Sie in Ihrem Buch alle Ursachen für schlechte Leistungen besprechen. Haben Sie nicht einen Punkt vergessen – nämlich „die falsche Einstellung"?

Antwort: Sprechen Manager von der falschen Einstellung ihrer Mitarbeiter zur Arbeit, meinen sie damit in der Regel Verhaltensweisen, die ihnen nicht passen oder Gedanken des Mitarbeiters, die sich angeblich in unangebrachtem Verhalten äußern. Weder das eine noch das andere stellt eine sinnvolle Basis dar, um Maßnahmen zur Leistungssteigerung zu entwickeln – und zwar aus folgenden Gründen:

- Wenn Sie als Manager von der falschen oder auch der richtigen Einstellung Ihrer Mitarbeiter sprechen, ist dies lediglich eine oberflächliche Beschreibung, die nichts Konkretes über das Verhalten oder die Gedankengänge der Mitarbeiter aussagt.

- Wenn Sie vom Verhalten Ihrer Mitarbeiter Rückschlüsse auf deren Gedankengänge ziehen, können Sie nicht wissen, ob Sie damit richtig liegen. Sie stellen nur Vermutungen darüber an, was in den Köpfen vorgeht, da Sie schließlich keine Gedanken lesen, sondern nur das Verhalten beobachten können.

- Natürlich besteht ein Zusammenhang zwischen Denken und Handeln, doch es ist ein Trugschluss zu glauben, dass sich aus einer Handlungsweise direkt auf den zugrunde liegenden Gedanken schließen lässt. Manche Menschen strengen sich besonders an, wenn sie eine unangenehme Arbeit erledigen müssen, weil sie schnell damit fertig werden möchten, um sich der nächsten, vielleicht angenehmeren Aufgabe widmen zu können. Manchen Mitarbeitern macht eine bestimmte Aufgabe so viel Spaß, dass sie am liebsten nie damit fertig werden möchten. Wieder andere haben es sich angewöhnt, viel Aufhebens um jede Aufgabe zu machen, weil sie so die Aufmerksamkeit ihres Vorgesetzten auf sich ziehen können. Anderen wiederum macht es Spaß, ihren Vorgesetzten zu provozieren, weil sie dann vor ihren Kollegen als Helden dastehen. Und bestimmt steckt auch etwas Wahrheit in der Lebensweisheit: „Was sich liebt, das neckt sich".

- Wenn Sie behaupten, ein Mitarbeiter hätte die falsche Einstellung zu seiner Arbeit, stempeln Sie ihn als Versager und Sündenbock ab. Sie schieben ihm die Verantwortung für sämtliche Misserfolge zu und sind selbst aus dem Schneider. Dann brauchen Sie natürlich keine Gegenmaßnahmen zu ergreifen, denn Sie trifft ja keine Schuld.

Nur Konkretes hilft weiter

Seit etwa 1840 haben sich Psychologen mit dem Zusammenhang von der persönlichen Einstellung und der beruflichen Leistung beschäftigt. Doch bis heute dauert der Streit darüber an, was diese

Einstellung eigentlich genau sein soll, wie sie sich messen lässt und wie man gezielt auf sie einwirken kann, um die Leistung zu steigern, sofern ein kausaler Zusammenhang bestehen sollte.

Wenn jemand mit Ihnen über die Einstellung eines anderen spricht, sollten Sie ihn fragen: „Woher wissen Sie das? Welche seiner Aussagen und Handlungen lassen Sie auf diese Einstellung schließen?" Als Antwort erhalten Sie höchstwahrscheinlich die Beschreibung eines bestimmten Verhaltens, das Sie analysieren und ändern können, indem Sie die in diesem Buch beschriebenen Techniken des vorausschauenden Managements anwenden.

Wenn Sie Ihren Mitarbeitern erklären, warum sie eine bestimmte Aufgabe erledigen müssen und ihnen die Konsequenzen guter oder schlechter Arbeit verständlich machen, haben Sie bis zu einem gewissen Grad natürlich Einfluss auf deren Gedankengänge. Das Gleiche gilt, wenn Sie Mitarbeitern die Angst vor Dingen nehmen, die nicht eintreten werden. In diesen Fällen ist der springende Punkt jedoch, dass Sie konkret bestimmte Gedankengänge und Überlegungen ansprechen. Über die innere Einstellung zu sprechen, ist etwas ganz anderes und hilft weder Ihnen noch Ihren Angestellten, also lassen Sie es besser bleiben.

4. Wie steht's mit der Motivation?

Frage: Sie haben das Thema „Motivation" gar nicht erwähnt. Gehört das nicht auch dazu?

Antwort: Den Begriff der Motivation gibt es schon lange in der Psychologie. Er wurde geschaffen, um etwas zu erklären, was wir nicht wissen – nämlich warum Menschen das tun, was sie tun. Es ist eine Verallgemeinerung, die beschreibt, dass im Inneren des Menschen etwas geschieht, das seine Handlungen auslöst. Unklar bleibt, worum es sich hierbei handeln soll, und wie man es messen kann. Motivation lässt sich nicht messen wie der Blutdruck. Verhaltensforscher diskutieren das Thema Motivation, wenn überhaupt, nur sehr zurückhaltend. Nur wir „normal Sterblichen" gehen damit so unbefangen um, als wäre völlig klar, worum es sich dabei handelt. Wie oft haben Sie denn schon Aussagen gehört wie „Sie ist überhaupt nicht motiviert", „Er hat seine Motivation verloren", „Heute fühle ich mich motiviert", „Das könnte sie motivieren", „Alles nur eine Frage der Motivation" und so weiter.

Das Traurige daran ist, dass diese Menschen über etwas sprechen, von dem sie eigentlich keine Ahnung haben. Fragen Sie doch einmal nach, wie man jemanden motivieren kann. Sicherlich werden Sie viele Allgemeinplätze und Redewendungen zu hören bekommen wie „Man muss sie auf den Geschmack bringen" und „Man muss Begeisterung wecken können". Wenn Sie weiter nachbohren, wie das denn gehen soll, und Ihre Gesprächspartner nicht irgendwann frustriert aufgeben, Ihnen etwas „so Einfaches" zu erklären, werden Sie letztendlich genau auf die sechzehn Punkte stoßen, um die es in diesem Buch geht.

Wenn Sie sich mit den praktischen Aspekten zur Leistungssteigerung beschäftigen möchten, können Sie den Begriff „Motivation" getrost vergessen und sich den Ratschlägen zuwenden, die Ihnen die meisten Unternehmensberater zur Steigerung der Motivation (wie immer sie diese auch messen wollen) geben. Die Erfahrung hat gezeigt, dass die Beseitigung aller Gründe für schlechte Arbeitsleistung automatisch zu guter Arbeitsleistung führt.

Man kann nicht zuviel erwarten

Frage: Was ist Ihrer Ansicht nach falsch an Aussagen wie „Mitarbeiter beteiligen", „sie für eine Sache gewinnen" oder „sie für etwas begeistern"?

Antwort: Nun, diese Aussagen hören sich zwar gut an, doch es steckt nichts Konkretes dahinter, und sie tauchen auch in keiner seriösen psychologischen Studie auf. Man kann Mitarbeiter nicht glauben machen, sie wären an etwas beteiligt, wenn es nicht stimmt. Und um sich begeistert für eine Sache einzusetzen, sind meist starke Gefühle wie Liebe oder Hass erforderlich. Man gewinnt Menschen für eine Sache, weil sie ihrem Glauben entspricht oder das Überleben auf dem Spiel steht. Natürlich gibt es hin und wieder Menschen, für die aus irgendwelchen persönlichen Gründen zuerst die Arbeit und dann erst die Gesundheit oder Familie kommt, doch diese Menschen sind die Ausnahme. Schließlich sollte man arbeiten, um zu leben und nicht leben, um zu arbeiten.

In einem in bestimmten Kreisen sehr beliebten Videofilm über Produktivität und Motivation wird ein international tätiges Unternehmen in den höchsten Tönen dafür gelobt, dass es ihm gelungen ist, "in den Mitarbeitern ein überwältigendes Interesse an der Arbeit" zu wecken. Auf den ersten Blick hört sich das sehr lobenswert an, doch gehen wir dieser Wortwahl einmal auf den Grund: Was bedeutet denn "überwältigendes Interesse?" Der Begriff "überwältigend" hat auch den negativen Beigeschmack der Niederlage. Kann es sein, dass die Mitarbeiter dieses Unternehmens so sehr von ihrer Arbeit vereinnahmt werden, dass ihr Privatleben, ihre Gesundheit, Familie und so weiter buchstäblich ihrer Arbeit unterworfen ist? Ich frage mich, was daran gut sein soll! Sie können von Ihren Mitarbeitern durchaus verlangen, zu hundert Prozent zu erledigen, wofür sie bezahlt werden, aber doch nicht, sich zu hundert Prozent der Arbeit zu unterwerfen.

Mitarbeiter miteinbeziehen

Studien über menschliches Verhalten am Arbeitsplatz haben gezeigt, dass sich Mitarbeiter stärker für ihre Aufgaben engagieren, wenn sie vor Projektbeginn in die Arbeitsbesprechung einbezogen werden. Sowohl Mitarbeiter als auch Manager erklären dieses Engagement gerne damit, dass die Mitarbeiter an der Entscheidung "beteiligt" waren und sich so besser mit der Arbeit "identifizieren" können. Sieht man sich jedoch einmal an, worum es in diesen Vorbesprechungen geht und vergleicht die Punkte mit denen, die Manager vor Beginn der Arbeit erledigen sollten (siehe Tabelle auf Seite 166), fällt auf, dass es viele Übereinstimmungen gibt.

Wenn Sie Ihren Mitarbeitern vor Projektbeginn mitteilen, was von ihnen erwartet wird, eventuelle Probleme und deren Lösungen zur Diskussion stellen, begründen, warum die Arbeit getan werden muss, auf ihre Einwände eingehen und erklären, warum Ihre Methode die bessere ist, ihnen klar machen, in welchem Prioritätsverhältnis die Aufgaben zueinander stehen, Hindernisse beseitigen, die zu mangelhaften Leistungen führen könnten, Wissenslücken schließen und Feedback zusichern, wenden Sie alle verfügbaren Maßnahmen des vorausschauenden Managements an. Wenn Sie als Ergebnis eine verbesserte Arbeitsleistung erhalten, könnten Sie den Schluss ziehen, dass sich Ihre Mitarbeiter nun „mit ihrer Arbeit identifizieren" und sich „als Beteiligte" verantwortungsbewusster verhalten. Doch eines können Sie immer noch nicht: dieses Phänomen messen.

Erfolgs-Tipp:

- Der Schlüssel zum Erfolg als Manager liegt darin, zum richtigen Zeitpunkt einzugreifen und das Richtige zu tun. Wenn Sie Ihre nächste Besprechung nach den Regeln des partizipativen Managements abhalten, berücksichtigen Sie ganz unbewusst schon einige der Gründe, weshalb Ihre Mitarbeiter nicht immer das tun, was Sie von ihnen erwarten.

- Noch mehr Erfolg wird sich einstellen, wenn Sie sich an die Punkte in der Tabelle auf Seite 166 halten.

- Damit ist sichergestellt, dass Sie nichts vergessen.

- Denken Sie auch an das Follow-up und setzen Sie sich mit den Gründen für schlechte Leistungen auseinander, die erst nach Projektbeginn auftreten, sonst verzichten Sie auf ein wichtiges Mittel, das den Erfolg auf ganzer Linie sichert.

Wichtig: Auch wenn in Ihrem Unternehmen die Möglichkeit besteht, Mitarbeiter durch Aktienoptionen am Gewinn der Firma zu beteiligen und somit auch ihr Interesse am Unternehmenserfolg zu steigern, entbindet Sie das nicht von Ihrer Aufgabe als Manager, Ihre Mitarbeiter zu guten Leistungen anzuspornen.

Frage: Meiner Meinung nach passieren in der Geschäftswelt noch ganz andere Sachen, die Sie aber nicht angesprochen haben. Ich denke da zum Beispiel an Umstrukturierungen, Machtkämpfe, das Ausscheiden von Mitarbeitern, Wirtschaftskrisen, Inflation oder technische Neuerungen. Kann es sein, dass Sie die Dinge vereinfachen?

Antwort: Nein, das tue ich nicht. Das Thema dieses Buches lautet „Vorausschauendes Management". Es geht darum, was Sie als Manager tun können, damit Ihre Mitarbeiter genau das tun, was Sie von ihnen erwarten. Ich wollte kein Buch über konventionelle Schulungen, Arbeitsvorschriften, Arbeitsverhandlungen, Lohnpolitik, strategische Planung, Finanzmanagement, Firmenakquisitionen oder psychologische Beratung schreiben. Mein Buch behandelt ganz bestimmte Sachverhalte, die in beinahe jedem Arbeitsumfeld und auf allen Ebenen gegeben sind und die unbewusst von vielen Managern vernachlässigt werden. Betrachtet man zum Beispiel Machtkämpfe oder technische Neuerungen, Einflüsse, die Sie gerade erwähnt haben, als Folge von oder Hindernis für Arbeitsleistung, ließen sie sich auch effektiver handhaben.

5. Unzufriedenheit: Ein Symptom, kein Problem

Frage: Mir ist aufgefallen, dass Sie das Thema „Zufriedenheit am Arbeitsplatz" nicht angeschnitten haben. Hat das nicht auch einen Einfluss auf die persönliche Leistung?

Antwort: Für Arbeitnehmer, Journalisten und Hobby-Psychologen ist das ein ungemein wichtiges Thema. Ich hingegen habe dazu nichts zu sagen, da mir keine Studien bekannt sind, die den direkten Zusammenhang zwischen Leistung und Zufriedenheit am Arbeitsplatz beweisen. Eines der Probleme mit Zufriedenheit am Arbeitsplatz ist, dass sie sich weder genau definieren noch exakt messen lässt.

Wenn man jedoch einmal davon absieht, dass sich so allgemeine Dinge wie Identifikation, Engagement und Loyalität nicht messen lassen, und sich auf die spezifischen Aspekte der Beziehungen am Arbeitsplatz konzentriert, kann man eine Menge über Leistungssteigerung lernen. Erst neulich wurde anhand von Studien bewiesen, dass ein direkter Zusammenhang zwischen der Zufriedenheit im Beruf und der Kundenzufriedenheit besteht. Je zufriedener ein Arbeitnehmer mit seinem Beruf ist, umso zufriedener sind auch seine Kunden. Aber selbst Unternehmen, die „Messungen" über Zufriedenheit im Beruf anstellen und auch Maßnahmen durchführen, die zu höherer Zufriedenheit führen sollen, beziehen sich nicht auf das generelle Wohlbefinden der Angestellten. Bei diesen Umfragen geht es um die Meinung des Arbeitnehmers über Arbeitsabläufe, zum Beispiel die faire Verteilung von Arbeiten, flexible Arbeitszeiten und betriebsinterne Kommunikation. Häufig zeigen die so genannten Meinungsumfragen immer wieder, dass das Personal mehr Informationen über die Kundenzufriedenheit und Kundenbedürfnisse wünscht. Das bedeutet nichts anderes, als dass dort das Feedback zu wünschen übrig lässt und dass die Mitarbeiter nicht wissen, was von ihnen erwartet wird und wie sie auf die Bedürfnisse der Kunden eingehen sollen.

Doch all das sind Probleme, die mit dem Arbeitsablauf und weniger mit der Zufriedenheit im Beruf zu tun haben. Unzufriedenheit im Beruf ist ein Symptom, nicht das Problem. Zufriedene Mitarbeiter sind nicht automatisch gute Mitarbeiter, doch wenn das Problem des Leistungsdefizits gelöst wird, sind die Mitarbeiter auch zufriedener in ihrem Job. Umfragen, bei denen von der höheren Zufriedenheit der Mitarbeiter mit ihrer Arbeit auf eine höhere Kundenzufriedenheit geschlossen wird, stellen eigentlich einen Zusammenhang zwischen verbesserten Arbeitsbedingungen und der Kundenzufriedenheit her.

Umfragen zur Leistungssteigerung

Umfragen sind ein gutes Mittel zur Datenerhebung. Doch werden die falschen Fragen gestellt, sind die Daten relativ nutzlos. In einer Umfrage zur Ermittlung der Mitarbeiterzufriedenheit werden die falschen Fragen gestellt, die zum Schluss in irgendeiner Art Gesamtzufriedenheitspunktezahl resultieren. In einer Umfrage zur Beurteilung des Arbeitsplatzes und der Leistungssteigerung werden die richtigen Fragen gestellt, und man kann sich das Punktebewertungssystem sparen. Unsere Umfrage, die wir zweimal jährlich in vielen Unternehmen durchführen, sieht zum Beispiel so aus.

Konkret fragen – klares Feedback			
	Meistens	Manchmal	Selten
Mein Manager erteilt mir klare Anweisungen.			
Mein Manager ist erreichbar, wenn ich seine Hilfe brauche.			
Mein Manager erklärt, warum bestimmte Projekte bearbeitet und Änderungen durchgeführt werden müssen.			
Die Reaktionen meines Managers lassen sich nur schwer einschätzen.			
Mein Manager gibt nützliche Tipps.			
Mein Manager lobt gute Leistungen.			
Bei Gesprächen über Leistungsprobleme bleibt er/sie sachlich und wird niemals persönlich.			
Mein Manager lässt mich ausreden.			

Wie Sie sehen, liefern die Antworten auf diese gezielten Fragen ein interessantes Feedback für jeden Manager und stellen deutlich alle Aspekte heraus, die noch verbessert werden können. Lautet Ihr Ziel Leistungssteigerung, müssen Sie einfach nur herausfinden, welches Verhalten geändert werden muss – eine Gesamtpunktezahl ist hier absolut sinnlos.

Zufriedenheit ist relativ

Ein weiterer Aspekt der Mitarbeiterzufriedenheit ist, dass Ihnen vereinzelt immer wieder Mitarbeiter schildern, dass sie ihren Job nicht mögen und er ihnen keinen Spaß macht. Trifft das tatsächlich zu, sollten sie sich versetzen lassen oder umschulen. Das Leben ist zu kurz, um den ganzen Tag lang eine unliebsame Tätigkeit auszuführen. Seinen Beruf nicht zu mögen und keinen Spaß an der Arbeit zu haben, sind jedoch zwei Paar Stiefel. Den meisten Menschen gefällt ihre Arbeit zumindest am Anfang, weil sie etwas Neues für sie ist, sie froh sind, überhaupt einen Job zu haben oder weil sie dabei etwas dazulernen können. Manche Arbeiten verlieren nie ihren Reiz, weil sich ständig neue Herausforderungen stellen. Die meisten Jobs sind jedoch leider eintönig und langweilig und machen spätestens nach drei Monaten keinen sonderlichen Spaß mehr. Es ist nun einmal so, dass alles, was eigentlich viel Spaß macht, langweilig und monoton wird, muss man es – wie die Arbeit – tagein, tagaus tun.

Da die meisten von uns ihren Tag lieber anders gestalten würden als mit Arbeit, muss Arbeit mit einer Gegenleistung – dem Gehalt – belohnt werden. Wäre die Arbeit das reinste Vergnügen, könnte man aus jedem Unternehmen einen Vergnügungspark machen und von den Mitarbeitern Eintritt verlangen. Möchte sich einer Ihrer Mitarbeiter beruflich verändern, weil ihm seine Arbeit nicht gefällt, können Sie ihn dabei gerne unterstützen. Erwidern Sie aber Beschwerden über die Arbeit ruhig mit folgendem Einwand: „Ich habe kein Problem damit, wenn Sie Ihren Beruf nicht mögen, aber wir haben beide ein Problem, wenn Sie sich deshalb Fehler leisten."

Die Zufriedenheit im Beruf, wie auch immer man sie definieren will, kann völlig unabhängig von der Arbeitsleistung nahezu stündlich wechseln. Ein Mitarbeiter, der schlechte Arbeit leistet, kann mit seinem Job sehr zufrieden sein, während ein fleißiger, guter Mitarbeiter extrem unzufrieden mit der Arbeit ist. Sie als Manager sollten deswegen lieber darüber nachdenken, ob und welche negativen und positiven Konsequenzen es für Ihre Mitarbeiter für bestimmte Tätigkeiten gibt.

6. Arbeiten: Nicht nur für Ruhm und Ehre

Frage: In dem Kapitel, in dem Sie raten, Mitarbeiter für gute Leistungen zu loben und somit positiv zu verstärken, schreiben Sie, dass Menschen auch umsonst arbeiten würden, solange sie für ihren Einsatz gelobt werden und Anerkennung finden. Ist das wirklich Ihre Überzeugung?

Antwort: Nun, es gibt tatsächlich viele Situationen im Leben eines Menschen, in denen er vollen Einsatz zeigt, obwohl er dafür keine finanzielle Entlohnung erhält. Denken Sie nur an die ehrenamtlichen Helfer in den Gemeinden, Kirchen oder Wohltätigkeitsverbänden. Auch bei sportlichen Freizeitaktivitäten strengen sich die Menschen oft nur für den Applaus von den Zuschauern an, selbst wenn sie am nächsten Tag vor lauter Muskelkater nicht mehr laufen können. Nein, im Ernst: Ich glaube nicht, dass Ihre Mitarbeiter auch umsonst für Sie arbeiten würden. Die spannende Frage lautet doch: „Welche Mittel kann ich als Manager einsetzen, damit meine Mitarbeiter auch das tun, was sie tun sollen?" Und die Antwort darauf? Ganz einfach: Sprechen Sie Lob und Anerkennung für gute Leistungen und Leistungssteigerungen aus.

7. Ermahnung: Manchmal muss es sein

Frage: Würde einer meiner Mitarbeiter jeden Tag zu spät zur Arbeit kommen, weil er mitten in seiner Scheidung steckt, hätte ich Hemmungen, ihn zur Pünktlichkeit zu ermahnen und keine Rücksicht auf seine privaten Schwierigkeiten zu nehmen.

Antwort: Interessant zu hören, dass Sie nicht das tun würden, was von Ihnen erwartet wird, weil es Ihnen unangenehm wäre. Würden Sie den Mitarbeiter nicht doch lieber auf seine regelmäßige Unpünktlichkeit ansprechen, wenn Ihr Vorgesetzter Ihnen die Kündigung androht, wenn Sie dieses Problem nicht unverzüglich beheben?

In dieser Situation müssen auch noch andere wichtige Faktoren bedacht werden: An wie vielen Tagen hintereinander ist der betreffende Mitarbeiter zu spät zur Arbeit gekommen? Kommt er nur zwei oder zwanzig Minuten zu spät? Hat sich seine Arbeitsleistung durch die permanente Unpünktlichkeit verschlechtert? Kann er abends länger arbeiten und die Fehlzeit ausgleichen, oder ist bis dahin bereits Schaden entstanden? Ist ein Ende dieses Problems abzusehen?

Je nachdem, wie die Antworten auf diese Fragen lauten, können Sie entscheiden, ob Sie eine Zeit lang ein Auge zudrücken können oder ob Sie unverzüglich einschreiten müssen. Kommen Sie zu dem Schluss, dass dieses Verhalten nicht länger toleriert werden kann, müssen Sie sich ja nicht wohl fühlen, wenn Sie Ihren Mitarbeiter ermahnen, Ihre eigene Arbeit dürfen Sie deshalb aber trotzdem nicht vernachlässigen.

8. Stellenbeschreibung: Je genauer, umso effektiver

Frage: Die Idee einer Stellen- und Tätigkeitsbeschreibung für jeden Arbeitsplatz klingt gut, aber muss darin wirklich jeder Handgriff enthalten sein?

Antwort: Sobald Sie jemanden für ein bestimmtes Arbeitsverhalten seinerseits bezahlen, muss diese Verhaltensweise irgendwo festgehalten werden, sei es in einer Stellenbeschreibung oder einem Verfahrenshandbuch, auf das sich die Stellenbeschreibung bezieht. So könnte in der Stellenbeschreibung zum Beispiel stehen: „Der Betrieb des Elektronenmikroskops unterliegt den Bestimmungen aus dem Handbuch SOP 27" oder „Beim Erstellen der Ausgabenberichte sind die Vorschriften des Handbuchs SOP 56 zu beachten".

9. Teamarbeit: Die Firma im Kleinen

Frage: Hat sich die Teamarbeit bisher nicht auch ohne Eingreifen des Managements als erfolgreich erwiesen?

Antwort: Bei der Bildung eines Arbeitsteams befasst man sich eigentlich ganz automatisch mit den sechzehn Faktoren, die sich auf die Leistung auswirken. Die erste Frage von Teammitgliedern lautet in der Regel: „Was erwarten Sie von uns?" Anschließend wird über die Gründe, weshalb dieses Projekt erledigt werden muss, und über mögliche Schwierigkeiten diskutiert, worauf oft Eingeständnisse folgen, dass jemand nicht weiß, wie etwas geht. Außerdem wird geklärt, welche Methode die beste ist und wie die Prioritäten festgelegt sind. In Teams ist ein konkretes und häufiges Feedback völlig normal, persönliche Grenzen werden nicht überschritten, und die Mitglieder belohnen oder bestrafen sich gegenseitig für gute beziehungsweise schlechte Leistungen. Anstelle des

Managers befassen sich die Teammitglieder mit den Ursachen mangelhafter Leistungen. Mit Zauberei hat das gar nichts zu tun, die meisten Teammitglieder sind sich gar nicht bewusst, dass sie die Leistung ihrer Teamkollegen beeinflussen.

Aus diesem Grund hat die Mitarbeiterführung nichts mit Hexerei oder Magie zu tun. Wenn Sie nicht wissen, was sich auf die Leistung Ihrer Untergebenen auswirkt, können Sie den Ursachen auch nicht auf den Grund gehen. Wie bereits erwähnt, ist Management eine Form des Eingreifens, egal ob der Gegenstand des Managements Menschen oder Dinge sind. Lassen Sie die Dinge einfach laufen, ohne einzugreifen, wird trotzdem Leistung erbracht – nur vielleicht nicht in erwünschter Qualität. In meinem Buch geht es um „Vorausschauendes Management", das darauf zielt, frühzeitig zu handeln und damit Problemen vorzubeugen. In meinem Buch geht es nicht um Problemmanagement, das zunächst Probleme entstehen lässt, um erst dann darauf zu reagieren. Mit Hilfe des vorausschauenden Managements verhindern Sie aktiv, dass Probleme auftreten und sorgen für ein hohes Leistungsniveau.

Nun könnten Sie auf die Idee kommen, dass nur noch sehr wenige Mitarbeiter Fehler begehen oder schlechte Arbeit leisten, sofern es Ihnen gelingt, sämtliche Ursachen für mangelhafte Leistungen zu beseitigen. Dies ist völlig richtig und entspricht auch in jeder Hinsicht einer der Definitionen von Management, die lautet:

„Management heißt, alle erforderlichen Maßnahmen zu ergreifen, um den Mitarbeitern die Voraussetzungen zu schaffen, ausschließlich gute Arbeit zu leisten."

Diese Definition ist insbesondere dann von erheblicher Bedeutung, wenn durch die Fehler eines Mitarbeiters hohe Kosten verursacht werden. Vergeuden Sie Ihre Zeit nicht damit herauszufinden, was Ihren Mitarbeitern durch den Kopf gehen könnte. Hinter sämtlichen guten und schlechten Leistungen (mit Ausnahme eines Maschinenausfalls) steckt ein Individuum. Ohne Mitarbeiterführung bleiben gute Leistungen dem Zufall überlassen.

> **Erfolgs-Tipp:**
>
> Sie als Manager haben die Möglichkeit, hier einzugreifen und das Beste aus Ihren Mitarbeitern herauszuholen. Das bedeutet auch für Sie: Tun Sie, was von Ihnen erwartet wird. Seien Sie ein effektiver Manager und beheben Sie alle potenziellen Gründe für schlechte Leistungen; die guten Leistungen Ihrer Mitarbeiter werden auch auf Sie zurückfallen.

10. Kompetenzen und Entscheidungsbefugnis

Frage: Welchen Stellenwert nimmt die Zuteilung von Kompetenzen im vorausschauenden Management ein?

Antwort: Kompetenzen zuteilen bedeutet nichts anderes, als Mitarbeitern bestimmte Entscheidungsbefugnisse zu erteilen, die sie vorher nicht hatten. Die Entscheidungsträger sind eng in den Arbeitsprozess eingebunden, so dass sie in den meisten Fällen die richtige Entscheidung treffen können. Dadurch wird zum einen der innerbetriebliche Entscheidungsfindungsprozess beschleunigt, und zum anderen werden oft bessere Entscheidungen gefällt. Ein interessanter Nebeneffekt dabei ist, dass der Mitarbeiter mit einer gewissen Entscheidungsbefugnis mehr Spaß daran hat – und somit eine Belohnung erhält –, eine Aufgabe zu erledigen, wenn er selbst entscheiden kann und nicht erst auf die Genehmigung von oben warten muss. Es hebt auch das Selbstwertgefühl des Einzelnen, und das Interesse an der Arbeit wächst. Vorbei sind die Zeiten des frustrierenden Wartens, bis „die da oben" endlich eine Entscheidung getroffen haben.

Mit den Schlagwörtern „Kompetenzen erteilen" und „Verantwortungsbereich ausdehnen" wird jedoch inzwischen etwas viel Allgemeineres, Unspezifischeres verbunden, wie das auch mit dem Begriff Motivation geschehen ist. Man denkt dabei an den schon fast an Zauberei grenzenden Effekt, der dadurch bei den Mitarbeitern zu beobachten ist. Die Ausdehnung der Entscheidungsgewalt nach unten ist sowohl für das Unternehmen als auch für den Mitarbeiter eine positive Veränderung und somit eine tolle Sache! Dennoch ist es lediglich eine Eingriffsmöglichkeit des Managements, die das Arbeitsleben der Mitarbeiter um einiges befriedigender, aber auch riskanter macht.

11. Managen: Eine Vertrauenssache?

Frage: Sollte man seinen Mitarbeitern vertrauen?

Antwort: Kommt darauf an, was Sie unter Vertrauen verstehen. Wenn Sie damit sagen wollen, Sie glauben, dass Ihre Mitarbeiter ehrlich sind und prinzipiell für ihr Gehalt auch entsprechende Arbeit leisten möchten, ist nichts dagegen einzuwenden. Wenn Sie aber damit sagen wollen, dass Sie die Leistungen Ihrer Mitarbeiter nicht kontrollieren müssen (Follow-up), weil Sie ihnen blindlings vertrauen, ist das keine besonders gute Idee. Ihr Vertrauen wäre ein Grund für Sie, Ihren Job als Manager zu vernachlässigen. Denken Sie bitte daran, dass Follow-up zwei Zielen dient: Erstens, die (gute) Leistung auf diesem Niveau zu halten, und zweitens, die (schlechten) Leistungen zu verbessern. Wenn Sie kein Follow-up durchführen, weil Sie Ihren Mitarbeitern vertrauen, können Sie niemals allen Ursachen für mangelhafte Leistungen auf den Grund gehen, geschweige denn, etwas dagegen unternehmen. Mit Misstrauen hat das aber überhaupt nichts zu tun.

Sicherlich wird Sie der eine oder andere Mitarbeiter beim Follow-up fragen, ob Sie ihm etwa nicht vertrauen. Sagen Sie ihm einfach: „Vertrauen ist gut, Kontrolle ist besser. Ich werde dafür bezahlt, dass ich Kontrollen durchführe."

Ich wünsche Ihnen viel Erfolg als Manager.

Literaturhinweise

Albers, Olaf/Meier, Rolf: Mitarbeiter richtig auswählen, Fit for Business
Carnegie, Dale: Durch Menschenführung zum Erfolg, Metropolitan
Covey, Steven R.: Die sieben Wege zur Effektivität, Heyne
Fournies, Ferdinand F.: Coaching for Improved Work Performance, TAB Books
Fournies, Ferdinand F.: Why Customers don't do what you want them to do – and what to do about it, McGraw-Hill
Fournies, Ferdinand F.: Performance Appraisal Design Manual, Fournies & Associates, Inc.
Gehringer, Joachim/Michel, Walter J.: Power Assessment, Metropolitan
Howard, Joanna: Leistungskurs Management, Metropolitan
Jaehrling, Dieter: Fröhlich führen, Metropolitan
Kratz, Hans-Jürgen: Richtig loben und motivieren, Fit for Business
Lorenzoni, Brigitta/Bernhard, Wolfgang: Professional Politeness, Metropolitan
Maro, Fred: Delegieren oder durchdrehen?, Metropolitan
Meier, Rolf: Coaching, Fit for Business
Meier, Rolf: Führen mit Zielen, Fit for Business
Ryborz, Heinz: Training zum Erfolg, Metropolitan
Seiwert, Lothar J.: Mehr Zeit für das Wesentliche, mi
Sprenger, Reinhardt K.: Aufstand des Individuums. Warum wir Führung komplett neu denken müssen, Campus
Tannen, Deborah: Jobtalk, Kabel

Stichwortverzeichnis

Abmahnungen 114
Allgemeinplätze 182
Analyse 16
Anerkennung 189
Anreiz 70
Anweisungen 34, 122, 124
Arbeitnehmer 18
Arbeitsablauf 148
Arbeitsanweisungen 20
Arbeitsbeginn 165
Arbeitsmethode 48, 54
Arbeitsplanung 165
Arbeitsverhalten 43
Aufklärung 48
Aufmerksamkeit 92
Aufstiegschancen 24

Belohnung 70, 71, 92
Belohnungssystem 103
Bestrafung 103, 114
Betriebsrat 92
Bonuszahlungen 78

Coaching 179

Denken 180
Disziplinarstrafen 123
Disziplinierungsmaßnahmen 115

E-Mail 77
Ehre 189
Einarbeitung 30
Einfluss 122
Einflussfaktoren 123
Einschränkungen 134
Einstellung 179
Engagement 183
Entscheidungsbefugnisse 193
Entschuldigungen 62

Erfahrung 59
Erfolg 51
Erfolgsquote 89

Feedback 82, 158, 191
Fehleinschätzung 82
Fehler 84
Fehlerquote 89
Fehltage 150
Fokus 63
Follow-up 167
Freiheiten 92
Freundlichkeit 172

Gedankengänge 179
Gefühle 183
Gehalt 71, 188
Gehaltserhöhung 116
Genie 137
Glauben 183

Handeln 180
Hemmungen 190
Hindernis 122
Hobby-Psychologe 146
Höflichkeit 172

Informationsmangel 65
Intelligenz 135
Interesse 173

Kollege 102
Kommentare 74
Kompetenzen 193
Konsequenzen, negative 108
Kontrolle 122, 194
Kontrollmaßnahmen 117
Kooperation 127
Korrektur 94

Kostenfaktor 100
Kreativität 42
Krisenzeiten 141
Kritik 85
Kündigung 190
Kurskorrektur 26

Lächeln 175
Lehrmethode 28
Leistung 83
Leistungsbewertung 20, 85
Leistungsfähigkeit 136
Leistungskapazität 132
Leistungsmängel 17, 163
Leistungsniveau 76, 85, 192
Leistungsprobleme 137
Lerneffekt 31
Lernerfolg 30
Lernprozess 27, 133
Limit 132
Lob 71, 74, 189
Lohnerhöhung 20
Lohnfortzahlung 100
Lösungen 184

Management 158
Managementmittel 174
Managementpraktiken 119
Managing by Objectives 41
Meeting 102
Menschlichkeit 145
Methode 26
Mietvertrag 40
Missstände 99
Misstrauen 194
Mitarbeiterbesprechungen 102
Mitarbeiterführung 191
Monotonie 188
Motivation 159, 181

Negative Verstärkung 102

Niederlagen 99, 183
Notfälle 147
Nutzen 22

Persönliche Grenzen 136
Positive Verstärkung 71
Prämien 78
Prestige 24
Priorität 62, 191
Prioritätenverschiebung 67
Privatangelegenheiten 147
Privatleben 140, 147
Produktivität 183
Produktivitätssteigerung 39
Provokation 95
Psychologische Studien 71

Qualität 122, 124

Respekt 172
Ressourcen 155
Rollenspiele 140
Rückmeldung 83
Ruhm 189

Sanktionen 117
Scheidung 143
Schulung 30
Selbstwertgefühl 193
Sicherheit 24
Signifikanter Anderer 73
Simulation 27
Skeptische Mitarbeiter 48
Sonderurlaub 141
Spielregeln 111
Spitzenleistungen 162
Sport 158
Sprüche 132
Stellenbeschreibung 35
Strategie 128
Streit 112

Tagträume 146
Termine 122
Test 31
Timing 84

Überzeugungsarbeit 112
Übung 27
Unfähigkeit 132, 133
Unproduktivität 132
Unternehmen 18
Unternehmenserfolg 86
Unternehmenspolitik 92
Unwissenheit 132
Unzuverlässigkeit 119

Verantwortung 132, 178
Verantwortungsbereich 193
Verbesserungsvorschläge 110
Verhalten 136

Verhaltensforschung 98
Versetzung 116
Verständnis 145
Vertrauen 194
Vorausschauendes Management 128, 161, 165, 166, 168, 169, 184, 192
Vorbeugende Wartung 160, 161
Vorlieben 64

Wissen 24

Zeitaufwand 169
Zeitmanagement 154
Zeitraum 34
Ziel 26, 66
Zufriedenheit 185
Zuständigkeitsbereich 35